AF433919

ACTUAR BIEN

Santiago Andrés Sarubbi Argamasilla

Actuar bien

Santiago Andrés Sarubbi Argamasilla

bubok
EDITORIAL

ACTUAR BIEN PARA TENER UNA SALUD PERFECTA
ACTUAR BIEN ES APRENDER A CUIDAR LA DINÁMICA DE LOS
MOVIMIENTOS CORPORALES
ACTUAR BIEN PARA SENTIRSE BIEN

Intuir, sentir, actuar y pensar bien, de forma correcta y con autocon-ciencia y autocontrol con la finalidad de que en la sociedad se establez-ca la justicia

ACTUAR BIEN PARA ACABAR CON LA CRISIS
ACTUAR BIEN PARA ACABAR CON EL CAMBIO CLIMÁTICO
ACTUAR BIEN PARA ACABAR CON EL TERRORISMO ECONÓMICO
ACTUAR BIEN EN FAVOR DE LA PAZ Y CONTRA EL TERRORISMO Y
LAS GUERRAS

Espiritualidad
Filosofía
Psicología
Ética
Humanismo
PNL

© Santiago Andrés Sarubbi Argamasilla
© Actuar Bien

ISBN papel: 978-84-686-7931-0
ISBN digital: 978-84-686-7932-7

Impreso en España
Editado por Bubok Publishing S.L.

Reservados todos los derechos. No se permite la reproducción total o parcial de esta obra, ni su incorporación a un sistema informático, ni su transmisión en cualquier forma o por cualquier medio (electrónico, mecánico, fotocopia, grabación u otros) sin autorización previa y por escrito de los titulares del copyright. La infracción de dichos derechos puede constituir un delito contra la propiedad intelectual.

*A Florencia, mi hermana; a Mario, mi padre;
a toda mi familia y a los delfines*

Todo les sale bien a las personas
de carácter dulce y alegre.

VOLTAIRE

Índice

La única manera de comenzar bien algo es desde el principio (nacido para cambiar el mundo a mejor).

No hacer que nadie se cabree.

Yo no me voy a cabrear nunca.

«Buscando el bien de nuestros semejantes encontramos el nuestro», Platón.

Todos desean vuestro bien. No dejéis que os lo quiten.

Haced el bien a cuantos más podáis, y os sucederá frecuentemente hallaros con caras que os infundan alegría → alegría constante durante la vigilia.

La grandeza de una persona está en el hecho de ser tan buena como puede llegar a ser.

La vida de los hombres y las mujeres que hacen las cosas bien es mejor, más feliz. Entre todos debemos actuar bien y con autoconsciencia autosanadora sin que nos dejen de atraer la vida y el bienestar biopsicosocial autopercibido.

Un bien no es una droga. El agua es la fuente primera de vida. Yo bebo la droga agua para separarme del resto de drogas. Yo me pongo, me autodetermino y me autogobierno mi propia ley sana y autosanadora y no voy a permitir en toda mi vida que el prójimo drogadicto pretenda dañar mi propia sabiduría sana de mi naturaleza sana que se autodesapega de las drogas corruptas de los degenerados que envenenan a gente decente. Mi decencia se separa de los personas insalubres con la finalidad de permanecer inocentemente fuerte, sano y bondadoso.

Me debo autogobernar de tal manera que yo autodetermine mi propio autodesapego autocontrolado con

AUTOCONSCIENCIA SANA Y AUTOSANADORA. Por las mañanas es cuando tenemos más autocontrol. El agua no modifica la forma de ver las cosas. (Me separo de todos los bares. Me separo de los todos estancos. Me separo de todos los traficantes de drogas.)

Todos los oficios deben permanecer a lo largo de la historia para complementarse en la construcción de la sociedad; y de esta manera cada ser humano/a, cada persona, cada individuo (hasta llegar a los animales —pero con discreción) pueda beneficiarse con su trabajo remunerado y, a cambio de dinero, poder comprar y vender... con la finalidad de acomodarse en su confort, participando de las facilidades de la vida y autofacilitándose su propia vida.

Para autofacilitarme mi propia sana vida debo concurrir lugares naturales vivos y cuando esté posicionado en mi vivienda con todo el confort, debo ser ordenado para colocar y ordenar mis objetos limpios en sus lugares correspondientes para que no obstaculicen mi viva y sana voluntad cuando me estoy moviendo por mi vivienda, la cual debo ir manteniendo limpia.

PODEMOS UTILIZAR BIEN LOS BIENES MATERIALES, Y CUIDANDO LA DINÁMICA DE LOS MOVIMIENTOS CORPORALES EL MÁXIMO TIEMPO QUE QUERAMOS Y DESEEMOS Y PODAMOS CONTINUADAMENTE, DURANTE LA VIGILIA, SIN QUE AFECTEN A NUESTRO ORGANISMO PORQUE NO SON UNA DROGA.

EL DINERO ESTÁ MUY BIEN HECHO Y LOS ACABADOS SON MUY PRECISOS. EL DINERO ES UN BIEN MATERIAL.

Los objetos, máquinas (*nunca se deben fabricar ni objetos ni máquinas que sean armas bélicas*) y viviendas, a medida que va pasando el tiempo, la historia, y vamos perfeccionando la evolución, son más precisos, los materiales con los que están fabricados deben ser los adecuados con la finalidad de que duren más tiempo sin estropearse (si se continúa creando objetos... que se rompan fácilmente, entonces no hay evolución) y nos permitan llevar una vida más estable, en la medida que no nos vemos necesitados ni obligados a arreglarlos o reemplazarlos/as. Cuando seamos tan privilegiados que poseamos objetos, máquinas y viviendas valiosísimos debemos valorarlos muchísimo y cuidarlos muchísimo y mantener su limpieza, porque si no estaríamos derrochando el dinero, usándolos/as mal y despreciando el trabajo hecho por otros trabajadores que son muy cuidadosos y ordenados en su trabajo, porque tienen la buena voluntad de querer hacer evolucionar a la sociedad de forma pacífica y al mismo tiempo poder evolucionar ellos con ella. Aparte de ganar mucho dinero.

Cuando poseemos algo que está hecho de una determinada manera, y que es imposible hacerlo de otra manera, porque como no somos perfectos en la medida que no podemos hacerlo todo como queramos ya que no podemos ser 100 % caprichosos ni exquisitos con nuestros deseos, *y esto que poseemos es delicado,* entonces tenemos el deber de usarlo con sensibilidad y suavemente.

Una mente tranquila y feliz hace que todo el cuerpo esté sano.
Ausencia de enfermedad. Libre de la enfermedad. Separado de la enfermedad. No es necesario estar enfermo.
La inteligencia es la capacidad reparadora del cuerpo.
Este escrito está hecho para entrar en un estado de conciencia saludable, sin problemas.
Las palabras son la droga más poderosa que utiliza el ser humano (la palabra no mata).
«INCAPACIDAD PARA EQUIVOCARSE.»
Este escrito está hecho para entrar en un estado de conciencia saludable, sin problemas.

Las palabras son la droga más poderosa que utiliza el ser humano (la palabra no mata).

«INCAPACIDAD PARA EQUIVOCARSE.»

Las palabras son la droga más poderosa que utiliza el ser humano (la palabra no mata).

«INCAPACIDAD PARA EQUIVOCARSE.»

DESDE LA TRANQUILIDAD Y LA QUIETUD $\longrightarrow$ PENSAR BIEN CON CONSCIENCIA, IMAGINAR EL ORDEN DE LO QUE SE DEBE HACER Y DE ESTA MANERA, TRABAJAR BIEN.

ACTUAR BIEN ES LA VERDAD, LA CIENCIA Y EL SISTEMA.

PRÓLOGO

Escribo este prólogo desde un mundo en descomposición. Desde el eco de explosiones de rabia que han generado atentados y atentados que han generado explosiones de rabia, en cadenas cada vez mayores de odio circulando entre seres humanos cada vez más temerosos, más solitarios, abandonados al designio de un futuro aparentemente ineludible.

Escribo este prólogo desde un mundo en el cual millones de personas se ven obligadas a desplazarse en una peregrinación involuntaria, abandonar sus hogares asolados en busca de un lugar donde poder vivir otro amanecer. Un mundo donde millones de niños mueren de hambre, o son brutalmente violentados de múltiples formas por un sistema tan perverso como, a veces, invisibilizado.

Escribo este prólogo desde un mundo donde las estructuras comienzan a resquebrajarse, donde un mundo viejo comienza a agonizar, chirriando mientras las piezas-persona que lo componemos sufrimos, nos retorcemos, casi siempre solitarias, en un engranaje que ya no cuenta con nosotros en cuanto seres humanos.

Es difícil que alguien pueda negar ya la evidencia de nuestros graves problemas como especie. Desde el contexto climático y ecológico hasta el más espiritual. La Tierra, ese gran hogar donde hemos nacido, la sociedad como la gran red de relaciones de personas que componemos este gigantesco equipo en movimiento y relación permanente e ineludible, nuestras subjetividades individuales con sus líneas biográficas particulares, con todo el sufrimiento acumulado en contextos cada vez más asfixiantes y deshumanizados, con desigualdades e injusticias cada vez más evidentes, más descaradas.

Alto. Escribo desde un lugar, uno de tantos. También escribo desde un lindo día de otoño, donde el frío del norte ha entrado para acercarme los olores del invierno que se avecina. Escribo desde un paraje donde la luz, el aire, la naturaleza, presagian tiempos nuevos. Escribo desde un mundo donde hay personas luchando por cambiar las cosas, donde la solidaridad se transforma en redes cada vez más sólidas, donde la conciencia comienza a aflorar por entre las estructuras envejecidas. La conciencia de nuestra existencia como especie, de la necesidad de cuidar nuestra Tierra, único hogar que tenemos. Y la conciencia del *otro*, sea quien sea, como alguien igual a uno mismo, con todas las implicaciones que eso tiene a todos los niveles.

Actuar bien es el título de este ensayo. Como nos dice el autor, «debemos ser conscientes de que formamos parte de un equipo, el equipo de la conciencia humana, y que el destino del planeta depende directamente de las acciones que emprende dicho equipo». Estos escritos condensan pensamientos, intuiciones, sentimientos acerca del ser humano, son como destellos, ideas-fuerza, suspiros, sentencias con las que poder ir conectándonos con la necesidad y la responsabilidad de ser cada vez más nosotros mismos. Palabras para la reflexión, para la búsqueda. Palabras para cambiarnos a nosotros mismos y para cambiar el mundo que nos rodea.

Cuando parece que no hay nada que hacer, que un mundo oscuro se cierne sobre nosotros, recuerdo que «las palabras son la droga más poderosa que utiliza el ser humano»:

confianza, respeto, amor, solidaridad, compasión, voluntad, pasión. Estas son las *armas* de las que están hechos estos escritos. Si cada persona tuviera estas palabras consigo para leerlas y releerlas, para pensarlas y digerirlas, para llevarlas a la acción en cada uno de sus días, no tengo ninguna duda de que el mundo sería un lugar más amable. Palabras nuevas para tiempos nuevos.

Escribo este prólogo desde el cariño, desde la confianza, desde el respeto y desde el deseo de que este *actuar bien* llegue al máximo número de corazones posibles. Escribo desde un mundo de posibilidades. Escribo desde la certeza de la salud y la bondad de los seres humanos. Y escribo desde la alegría de formar parte de este equipo que formamos entre todos y desde el agradecimiento más sincero hacia estas palabras que tenéis en vuestras manos y hacia la persona que las escribió.

Introducción

Subjetivo, individual, personal, autónomo, independiente y *libremente* decido intuir sin error el no-yo muerto y a otros seres vivos y a seres humanos (realidad viva y muerta) (decido y elijo intuirme sin error, *constato que mi intuición sobre mí mismo es una intuición sin error*) antes de pensar bien con palabras y analizar bien e intuitivamente la realidad con palabras (intuir, sentir, pensar, analizar), antes de *realizar bien cada uno de mis actos humanamente* (*sin causarme daño, sin molestarme, sin causarme nada negativo*; sin molestar y *sin causar daño* ni nada negativo al prójimo —ni verbal ni físico). Pero si un neonazi ilegal me intenta hacer daño, yo le haré daño legal de autodefensa, básicamente porque he hecho el esfuerzo y he tenido la buena voluntad alegre para que me guste vivir; con mi autovoluntad me he autoalegrado y autoanimado la vida. *Para que el conjunto de estos esté formado por una continuidad de actos bien realizados* (con autodisciplina, profesional y responsablemente), en un ambiente o contexto coherente y consecuente. Es decir, desde unas buenas ganas y un buen ánimo positivo, tengo que ejecutar bien (siempre y todo —el «siempre» y el «todo» se refieren a las acciones individuales) mis acciones sin error desde el principio, durante y hasta el final, con satisfacción, alegría y *sin dejar de ser amoroso* (el amor a la humanidad, el amor es más bien el dios de las sensaciones que el dios de los sentimientos; *el amor es ser el deseo de la amante, el amor crea el valor*, cuando se ama a alguien se desea el bien de la persona. Enamorarse de un solo cuerpo, y engendrar en él bellos razonamientos). Para ello he de tener *autoconfianza en mi seguridad* (permite la confianza en la seguridad del prójimo —la confianza es el mejor de los amigos, actuar bien promueve la confianza entre los individuos) y dar cada paso concentrado (consciente de que el acto a realizar es sencillamente sencillo de hacer o experimentar) en el propio acto.

Se debe confiar en las personas antes de esperar que ejerzan sus capacidades. Y una vez hayan desarrollado sus capacidades en el trabajo, seguir confiando en ellas.

Dentro de la sencillez de mis acciones, voy a parar de realizarlas (en la práctica corporal) siempre que se dé el momento oportuno para *aprender* (gracias a la fe reveladora de intuiciones y pensamientos, la fe le da sentido a la vida —fe en la gracia)[1] algo de mí mismo y de la realidad con la que actúo o trabajo, utilizando el coraje para pensar (—pensar antes de actuar— me tengo que preguntar y responder por qué hago las cosas, y de esta manera actuar excelentemente; al actuar sin error puedo pensar y seguir pensando) y la ayuda de la sabiduría de la naturaleza (un aprendizaje no quita el otro; *tengo que ser_capaz de sumar aprendizajes de todo tipo sin error. El conocimiento me lleva a más conocimiento. Saber encadenar en un orden los conocimientos.* EL CONOCIMIENTO Y LA CIENCIA SON OBJETIVOS. *Estamos aquí para aprender. Querer saber).* *El conocimiento te instruye, la sabiduría te transforma.* La sabiduría es el reposo alegre (vivir la vida alegremente) y libre en la verdad. *El profesor mediocre, dice; el profesor bueno, explica; el profesor superior, demuestra; el profesor excelente, inspira.*

---

1. Erich Fromm, *L'art d'estimar* (Barcelona: El Cangur, 2002), 78.

Este *aprendizaje* lo voy a obtener espiritual e intelectualmente (separado de lo muerto, estando por encima de la realidad material —muerta) aunque este se dé en los espacios intermedios (en los que paro de actuar —trabajar con el cuerpo) de mi acción, que se caracteriza por tener *contacto con la realidad* (el coraje para pensar es totalmente libre, sin obstáculos). El ser vivo que actúa bien, mediante la espiritualidad, se separa de la realidad muerta. De esta manera puede vivir en alegría, buena libertad, salud e ilusión. Gracias a mis méritos voy subiendo y mejorando la calidad de mis actos, llegando a la recompensa y a la *virtud* que me merecía o proponía, y que tenía como horizonte, meta y objetivo. *Como soy moralmente bueno, tengo la oportunidad de jugar moralmente, es decir, desde una intuición intelectual sana y de una forma competitivamente sana que aventaja a los malos competidores.* El ser competente nos ayuda a evolucionar, la competencia nos sirve para realizarnos y mejorarnos como especie. *Sin perder la integridad del cuerpo, actuar bien; y mientras actúo bien, no perder la integridad.* Me anticiparé con la intuición y con el cuidado para evitar y esquivar el sufrimiento.

El cuidado de sí mismo puede significar además no convertirse en una carga para otros. A partir del cuidado de uno mismo, deseo y debo cuidar la realidad que me rodea. La música influye en la humanidad y, de hecho, la energía que libera puede servir para sanar el cuerpo y el planeta. Tenemos la obligación de procurar que nuestras acciones sean compatibles con la vida pacífica, productiva y feliz del planeta. Actuar bien para conseguir la inocencia consciente adulta. Inocencia en la que yo no me molesto a mí mismo, y por tanto en esta excelencia de sentimientos los demás me molestan porque no son lo suficientemente excelentes. En esta inocencia consciente adulta no debo negar/determinar la ilusión del prójimo, de un niño, por ejemplo. Por lo que debo poder *ponerme en el lugar del otro* y saber/dejar que él también participe de una excelencia de sentimientos. La ilusión debe ser un poco libre.

Dos dialogantes pueden dialogar con ilusión.

Cuando yo no pienso y estoy quieto y tranquilo puedo creer que si estoy quieto y bien puedo querer con mi pensamiento: aprovechar la oportunidad para pensar bien sobre mí mismo para estar mejor, garantizándome a mí mismo (sin confiarme demasiado) que nunca voy a perder la *atención vigilante* para gobernar mi propio destino. Cuando yo esté mal puedo desear que alguien me ayude. Cuando algún familiar mío esté quieto y bien puede pensar bien sobre sí mismo para estar bien y mejor por si se da alguna situación en la que se encuentre mal. Y de esta manera aprovechar la oportunidad para estar bien y que el hecho de estar bien no se escape. Yo puedo tener buenos pensamientos sobre alguien y otro ser humano puede tener buenos pensamientos sobre mí. De esta manera nos sentimos los dos (o todos los que sean) bien y nuestra sensibilidad e inteligencia siempre mejora, creando una vida mejor.

Si actuamos bien, podemos pensar bien

Cada pensamiento es un proceso de energía, de esta manera llego a ser más fuerte, seguro y equilibrado con una estabilidad duradera, autorregulable y autocontrolable gracias a mi conciencia. Cada palabra, acción, pensamiento en el que nos concentramos, contiene energía. El hombre la usa, la moldea y la redistribuye.

Actuar sin error es actuar sin sufrir. Si actúo sin sufrir, puedo pensar sin error y sin sufrir. Actuar bien y conscientemente es actuar sin sufrir, y esto es de esta manera *para que la actividad virtuosa no ponga en conflicto a la salud física.*

Tengo salud mental, salud física, social, psíquica, cultural y económica de calidad.

Actuar aplicando el cuidado y el cariño. *Quienes son cuidadosos con sus acciones, ven extinguirse sus deseos.*

Si actúo sin esfuerzo innecesario, puedo pensar sin esforzarme innecesariamente. Cuando se hacen más eficaces las acciones, son más fáciles de cumplir. No hacer movimientos innecesarios para no perder energía, ni tiempo, ni esperanza de vida. Ser joven de espíritu se considera señal de longevidad. *Actuar con un estilo saludable consiste en la economía de movimientos corporales que cuidan la dinámica de estos.*

Si actúo bien es porque me gusta vivir con buena salud. Si actúo bien es porque me gusta vivir bien.

Actuar cuidando la calidad de los movimientos para no perder la salud y la suerte con las que nací.

Pensar limpia e inocentemente, de forma autoeficaz, transparente y suavemente, como si fuera una revelación divina, sobre aquellos temas o curiosidades, de tal forma que no me deje de atraer la vida, la continuidad de la vida sana y pacífica.

Mis pensamientos me cambian y me transforman, superando cualquier mal.

Una palabra amable/agradable me puede curar mucho más que cualquier medicina, ya que la medicina se está deshumanizando.

Me tengo que preguntar por qué hago las cosas. Pensarlas antes de hacerlas. No hagas nada sin una planificación calculada.

Si actúas correctamente sin ver malos presagios, no llega entonces la calamidad. Si quieres tener buena fortuna, deja primero que no haya desgracia. *La fortuna favorece a los audaces.*

Tener el *cerebro activo* es muy útil, a diferencia de lo que piensan los ordinarios y los arrogantes.

Defender a los que tienen razón. Y evitar la propagación de ideas irracionales.

Pensamientos que nos ayudan a actuar bien y emprender acciones:

—Cuando tienes la fuerza para la responsabilidad, emprender algo no es una carga.

—Cuando posees la capacidad para una tarea, no es difícil llevarla a cabo. Estar motivado significa tener una representación anticipada de la meta, lo cual arrastra a la acción.

—Deseo lo que hago, aquí y ahora, hago lo que deseo.

Pensamientos optimistas:

—*Me va a ir todo muy bien.*

—Me *va a ir todo mucho mejor.*
—Si quiero, puedo.
—Seré lo mejor que pueda llegar a ser.
—«Bien te irá lo que bien hagas», Benjamin Franklin.

Aquí, *pensar es un placer*. Pensar bien es entablar un diálogo sostenido y sistemático contigo mismo.

Un hombre de conciencia recta no comete actos reprobables. Debemos ser sinceros y auténticos con los actos buenos y reales.

Tener conciencia significa hacer los actos bien, a la primera. Cuando se da una situación en la que actuar bien se intuye que es complejo y además es la primera vez, hay que pararse (si el presente se mantiene presente —continuación indefinida de la existencia—, el presente es el único lugar de lo real) ante la situación para analizar lo que hay que hacer y de esta manera actuar bien y autoconscientemente a la primera. Debemos ser conscientes (y sentir la sanación) y respetar. *La consciencia es más importante que los valores.*

El pensamiento es algo sutil, por tanto, solamente tiene sentido pensar humanamente y dejar pensar humanamente.

Actuar bien y de forma consciente es aceptar los bienes materiales por su valor. Constatando que nos facilitan la vida, nos ayudan a viajar y a movernos por el mundo, y nos dan comodidades y confort.

Comportamiento - experiencia - empirismo.

Yo escribo contenido bueno.

ACTUAR BIEN DESDE LA INOCENCIA

Intentar y lograr hacer las acciones bien hechas, a la primera.

El mal no existe, es ausencia de ser o de *bondad*.

Sin salir de la inocencia natural, en la que me adentro gracias a la fe en la paz de la naturaleza, conseguir sensaciones sensibles de unión selectiva con la unidad para mejorar en salud y espiritualidad y de esta manera evolucionar hacia un horizonte de luz, perfección y libertad (estar sometido a la sana alegría de la naturaleza es una libertad).

Estas sensaciones pueden ser suaves, benéficas, aliviantes, mitigadoras (soportables), sanadoras y curativas.

Las experiencias vivenciales son sanadoras.

Alegría interior de la autoconsciencia autosanadora (esta cualidad me permite moverme más lentamente).

Tener la predisposición necesaria para que pueda aprovechar satisfactoriamente todas estas oportunidades para fortalecer mi ser, siempre autoconscientemente.

«Con una base pacífica mi inocencia tiene respeto al prójimo confirmando mi humanidad y mi amor a la humanidad; y a partir de esta salud tengo una voluntad libre que se caracteriza por tener una intencionalidad justa, rodeada de justicia, que me permite vivir feliz y armónicamente.»

Yo y cada uno de nosotros tenemos la obligación de procurar que nuestras acciones sean compatibles con la vida pacífica, productiva y feliz del planeta.

A partir de mi fuerte inocencia, mantengo mi vida para que busque más vida (busco la vida colaborando desde una inocente intencionalidad o una iniciativa inocente) y de este modo existir para aquello más benéfico y oportuno, y de esta manera evolucionar sin perder la inocencia viva incorruptible (que no se deja corromper y que no corrompe). Tener buenas iniciativas e intencionalidades para con los demás. *Si admites que el prójimo tiene buenas intencionalidades contigo, evitas buscarle problemas.*

Inocencia (NO-INFLUENCIA) consiste en tener siempre y para todo —todos los actos subjetivos— una iniciativa inocente que no pierde la *vergüenza*, porque esta está compuesta de buenas intencionalidades. La tendreza es la experiencia emocional que vivimos delante de la inocencia de una persona.

Al actuar bien consigo más emociones positivas. Si somos conscientes de las emociones, las podemos dirigir hacia algo más positivo. Capacidad para controlar emociones. La gestión adecuada de emociones implica la voluntad de fomentar en nuestro carácter las emociones positivas.

LAS EMOCIONES ENÉRGICAS Y POSITIVAS MUEVEN MUCHO MÁS MI VOLUNTAD QUE LA RAZÓN.

Para hacer las cosas bien no hace falta gritar.

Aquello que es blando y débil vence aquello que es duro y fuerte.

EL BIEN ES FUERTE: esto quiere decir que los objetos, máquinas, viviendas... deben estar fabricados con materiales lo más fuertes posible para que con el uso prolongado no se estropeen. Que no se estropeen de ninguna de las maneras posibles. Y que duren el máximo tiempo posible. Esto nos permite vivir con mayor confort.

Cuando una mujer o un hombre realiza, hace, fabrica algo blando se acerca a la vida y a la flexibilidad. Cuando un hombre realiza, hace, fabrica algo muy fuerte, se le endurece el cuerpo. Por ejemplo: fabricar algo de titanio.

La mujer está más asociada, relacionada, vinculada con lo blando, lo flexible, la vida. Y el hombre está más asociado, relacionado y vinculado con lo fuerte y duro.

Tanto la mujer como el hombre tienen las mismas competencias para ser igualmente resistentes. Hay más igualdad de resistencia cuando comparten en igual medida los *valores* de la vida, el esfuerzo equilibrado entre mujer y hombre, y la proporcionalidad de la buena voluntad que ejercen tanto la mujer como el hombre (o el hombre y la mujer), proporcionalidad que debe regirse por la igualdad sin favoritismos (sin que la buena voluntad sea más pesada en ningún miembro, sino que tiendan a igualarse la cantidad de esfuerzos, como por ejemplo, el hecho de levantar pesos pesados). Aunque siempre constatamos que hay características que no se pueden cambiar y hay que aceptar de forma pacífica el ser mujer y aceptar de forma pacífica el ser hombre. Las mujeres deben ser pacíficas y aceptar la paz entre mujeres. Y los hombres deben ser pacíficos y aceptar la paz entre hombres. Con la finalidad de que en las viviendas, instituciones, pueblos y ciudades se mantenga la actitud y el buen comportamiento entre cada uno de las/los seres humanas/os.

Las entidades bancarias, para permitir que la sociedad trabaje bien, deben conceder los créditos necesarios (cantidades de dinero justas) que ayuden a los empresarios a crear sus empresas de la manera que estos deseen y proyecten (es decir, los trabajadores deben poder poseer todos los materiales necesarios, todas las herramientas necesarias y conocer el mayor número posible de técnicas posibles con la finalidad de que los diferentes productos puedan estar hechos correctamente —para que funcionen durante siglos sin error—, es decir, hechos correctamente, en la medida que correcto significa al gusto del fabricante y al gusto del consumidor. Cómo quiere que se hagan los productos los trabajadores, es decir, *teniendo un lugar de trabajo confortable, cómodo y espacioso*. Los nuevos empresarios deben poder vender el máximo posible de sus propios productos para poder desarrollar sus vidas, pagar a sus empleados, que el dinero circule y finalmente lo más importante, que el empresario pueda ganar mucho dinero para que el dinero prestado por la entidad bancaria se pueda devolver, ya que todo lo bueno es posible. Si los empresarios pueden hacer todo lo que buenamente quieren podrán lograr sus objetivos y los bancos estarán satisfechos con el retorno del dinero, lo cual promueve y crea la autoconfianza y la confianza en el mercado mundial. Ya que las entidades bancarias al recibir el dinero prestado en forma de crédito pueden otorgar más créditos para la creación de nuevas empresas, ya sean pequeñas, medianas o grandes. Para ser realistas esto debe ser de esta manera, porque si no, el sistema no funciona.

Se deben hacer cosas que sean necesarias para los hombres y para las mujeres.

Los objetos, máquinas, viviendas... que están bien fabricados los utilizo bien y con cuidado para que puedan seguir siendo útiles y se puedan seguir utilizando ya que al seguir cuidando su uso sensible siguen funcionando excelentemente.

Las fuerzas que se asocian para el bien no se suman, se multiplican.

Cada palabra, acción y pensamiento en el que nos concentramos contiene energía.

Actuar bien para conseguir la inocencia consciente adulta. Para mantener mi inocencia debo tratar constantemente de no molestarme a mí mismo y de esta manera conseguir una excelencia de sentimientos, que están protegidos, y nadie exterior a mí puede alterarlos.

Lo ideal es que los sentimientos de excelencia se puedan perpetuar el máximo tiempo continuado posible en un estado de paz en el que uno se siente y se autopercibe sano. *Las mejoras en la salud, producidas en los niveles de salud en los últimos años, se debieron a las mejoras en las condiciones laborales, económicas, nutricionales, de vivienda e higiene.*

(Cuando consigo que mis sentimientos sean excelentes, me doy cuenta de que los demás no son lo suficientemente excelentes y molestan; haciendo ruido, por ejemplo.)

Actuar bien no me causa ninguna molestia y es impermeable.

Las personas ideales son siempre cuidadosas con las sutilezas.

Si consigo que mi vida sea una virguería, entonces mi vida no será dura.

Al reconocer que el esfuerzo que veo fuera de mí, no lo hago, ni lo he hecho yo; puedo tener el *principio de individuación* y conseguir, de esta forma, más voluntad, fuerza y energía. En ocasiones reconozco el esfuerzo hecho por mí, en mí y en el exterior, entonces capto la unidad. Esta unidad también la puedo captar cuando la realidad, que veo y sobre todo toco, no la he hecho yo. Es decir, cuando el esfuerzo de otros ha sido aplicado en la realidad. Por eso hay que admirar y *respetar el trabajo/esfuerzo* hecho por otros seres humanos. Cuando observo algo hecho y acabado por mí también me aporta energía, me siento útil, me autorrespeto, le doy sentido a los actos de mi vida y me alegra (porque contemplo los buenos resultados de mis buenas acciones).

Autorrespeto y admiro mi propio trabajo y respeto y admiro el trabajo hecho por otros. Por ejemplo: es muy importante ponerme el deber (autonomía de la voluntad) de no

CONSUMIR DROGAS EN NINGÚN LUGAR QUE ESTÉ BIEN TRABAJADO, ES DECIR, NI EN UN VEHÍCULO, NI EN UNA VIVIENDA, NI EN EL LUGAR DE TRABAJO.

Lo que he hecho, sé que lo he hecho yo. Esta filosofía, escrito, ensayo: lo he escrito yo.

Experimentar fortaleza, vitalidad y energía para la acción. Dios debe poder obrar en mí.

Actuar bien es actuar de acuerdo con la fe. Actuamos según aquello que creemos.

El espíritu

Orden del espíritu: la memoria ordena las experiencias vivenciales y las transforma en forma de recuerdos formados por imágenes espirituales fenomenológicas ordenándolas en el cerebro.

Alegría del espíritu: las imágenes fenomenológicas espirituales producen en su aparición en el cerebro una alegría cuando la memoria las recuerda. Las personas alegres atomáticamente recuerdan tiempos felices.

Espíritu autocontrolado.

Ligereza de espíritu.

ACTUAR BIEN ES ACTUAR CON RESPETO

Del esfuerzo de haber hecho algo bien nace el deseo de que me respeten. El respeto se da cuando reconocemos que tanto yo como el prójimo actuamos bien y sin molestarnos. *Que vivan los que no se molestan. Es decir, que vivan los que se respetan.* De este modo, todo va bien. «Que el bien aumente en el mundo depende en parte de actos no históricos», George Eliot.

Tratándonos unos a otros como iguales y reconociéndonos, afirmamos el respeto mutuo. El respeto no cuesta nada, no debe escasear. Sinónimos de respeto: estatus, prestigio, reconocimiento, honor, dignidad.

El artesano se centra en hacer bien su trabajo, y eso proporciona respeto por sí mismo. Como el joyero quita las impurezas de la plata, el sabio va limpiándose a sí mismo, lenta y armoniosamente.

Si los hombres buscaran lo que es mejor hacer para volverse dignos de aquello por lo que se sienten tan atraídos, podrían tener sueños que purificaran sus vidas.

El respeto es un comportamiento expresivo. Transmitir respeto es encontrar las palabras y los gestos que permitan al otro no solo sentirlo, sino sentirlo con convicción.

Actuar bien con consciencia es saber que es lo que sí se puede hacer y saber que es lo que no se puede hacer. Obedecer las leyes.

Cuando un ser vivo / humano respeta a su prójimo, crea un buen ejemplo, un ejemplo a seguir que a su vez crea una cadena de respetos, porque cada vez existen más seres humanos que se respetan entre sí. Y por tanto un mundo más digno donde vivir. Crea un buen ejemplo que admira y practica otro ser humano, y de esta manera todos los seres se van admirando del respeto existente en la sociedad y todos/as nos respetamos.

Actuar bien es actuar con buen sentido positivo y dejar actuar con buen sentido positivo.

En general se considera que la ambición es la fuerza impulsora de los hombres y las mujeres que se hacen a sí mismos. El desarrollo de todo talento implica un elemento de habilidad, de hacer bien algo por el hecho mismo de hacerlo bien, y es esta habilidad la que da al individuo el sentido interior de respeto a sí mismo. No se trata tanto de avanzar como de volverse hacia dentro.

En el vivir y dejar vivir es de donde nace, crece, brota, florece y fructifica más vida.

Debo intentar y lograr que la sensibilidad de otra persona no cause agresividad en mi yo. Y debo ir con atención por la vida y la realidad porque a mí nadie me garantiza que mi sensibilidad pueda causar desagrado acompañado de agresividad desde una persona que no me respeta y quiera hacerme daño.

Autorrespeto: mi propio estilo de actuar no me debe molestar. Me autofacilito las cosas. Actuar sin derrochar energía.

Tolerancia dialógica, cuidar el tono de voz, es decir, utilizar un tono de voz neutral. Practicar una *comunicación afectuosa, respetuosa, agradable y amorosa pero con discreción*. Empatía agradable, amorosa, educada y positiva. Socializarse con énfasis: fuerza de expresión o de entonación.

Al mismo tiempo que existe la diversidad, también existe la igualdad. En la medida que somos diferentes nos alegramos y en la medida que somos iguales, nos tranquilizamos. Respetar y «ponerse en el lugar del otro» a la hora de conocer otra cultura, sin modificarla.

Experimentar el respeto que el prójimo «ejerce» sobre mí, y «ejercer» el respeto desde mi yo hacia el prójimo.

Respetar es tomar al otro en serio, y tomarlo en serio es aceptar al otro como válido, *que tiene algo que decir que vale la pena escuchar.*

Respetar y admirar el trabajo hecho por otros seres humanos. Los hombres son respetables solo cuando respetan.

Debo poder llegar a ser un ser humano muy respetable.

Respetar el confort del prójimo para que él me lo respete a mí. Actuar respetando el confort. *Actuar con confort, respetando el confort.*

Cuando despertamos nos damos cuenta de que entre todos colaboramos. La igualdad es el reconocimiento y la identificación de la condición humana a uno mismo.

Mi respeto acaba donde empieza el del prójimo.

La finalidad de una buena acción consciente es un futuro mejor. La creación, muy respetable, de un futuro mejor, de un futuro planeta Tierra donde se pueda vivir más fácilmente, más justamente, más placenteramente, más cómodamente, con más confort, más pacíficamente y con consciencia. La finalidad de todas las acciones es el bien y la felicidad.

Hablar bien y con claridad y dejar hablar bien y con claridad.

Establecer el respeto es establecer la paz, la igualdad... Se establece porque es necesario.

Cuando yo respeto a otra persona, la acepto. La enfoco bien y ni la menosprecio ni la discrimino.

Cuando una persona no respeta a otra persona puede provocar, si es que la segunda persona respeta mucho a la primera persona, que la segunda persona al no sentirse respetada se convierta en un monstruo. Una persona que no se siente respetada debe mantener su autoconsciencia ética, y de este esfuerzo no-violento le nace el deseo y la necesidad de que el prójimo haga el esfuerzo de tener su autoconsciencia ética no-violenta. Una persona que no se siente respetada se siente amenazada. Y en desacuerdo con la posible amenaza brutal hacia su propia integridad desea cambiar el mismo y hacer un esfuerzo para ser mejor persona. Toda una vida entera dedicada a mejorar su propio ser humano hacia el autoperfeccionamiento, el perfeccionamiento de la realidad que lo rodea, y todo esto para sentirse ser una persona buena y justa. Pensar bien es hacer un esfuerzo por llegar a ser mejor persona y por impedirse a uno mismo cometer errores o malas acciones.

Yo nazco sano, cuido durante toda mi vida mis acciones y tengo mucha suerte. Y además tengo mucha buena voluntad ética y autoconsciente no-violenta. Esto lo deben poder practicar todos lo seres humanos del planeta.

Continuidad de mi vida sana.

El respeto es aceptar la paz del mundo.

Frases para los gobernantes:

—La mejor manera de garantizar el bienestar del pueblo se derivaría de la falta de ambición de los gobernantes. *Saber acontentarse* es cuestión de satisfacción duradera.

—El que conduce al mundo sin hacer daño, proporciona paz y tranquilidad.

—Evitar que se produzcan malas acciones.

—Los hombres y los gobiernos deben proceder lo mejor que les permita su habilidad.

Multiculturalidad: aceptación pacífica de que existe una diversidad pacífica de culturas pacíficas. Consiste en la aceptación pacífica de que en todas estas culturas existe una inteligencia no-violenta que debe seguir existiendo siempre y que no debe ser dañada.

Actuar bien es ayudar y colaborar

El hecho de que subjetivamente siempre actúe bien no quiere decir que no me ayuden o que yo no ayude.

Una buena acción se paga con otra.

Entre los seres humanos y otros seres vivos que se respetan existe una vida en común más vigorosa y enérgica.

Ayudar a los demás desde el amor propio.

Las personas que comparten las mismas actividades se ayudan las unas a las otras

La bondad es infinita. Experimentar el bien realizado en comunión.

La colaboración sirve para ayudar desde el respeto y tener un buen ánimo para hacer los actos más cómodamente. Aumentando la energía positiva y vital de los que colaboran para hacer la vida más fácil y gratificante.

La iluminación es el bien más elevado.

Actuar como si amáramos es actuar moralmente (máxima del deber).

Máxima del actuar bien: desea, con tu pensamiento, que tanto tú como el prójimo —todas las personas del mundo entero—, piensen bien. Es decir, que yo debo actuar lo máximo de bien y consciente posible, para que el prójimo haga lo mismo.

Yo actúo bien y de forma consciente y el prójimo (mi familiar, mi vecino, mi compañero de trabajo, maestro y alumno o discípulo) actúa bien y de forma consciente. De esta manera no existe la crítica. Tenemos que llegar a ser un modelo para el mundo.

Apto: idoneidad pasiva.

Capaz: idoneidad activa.

Cuando venga aquello que es perfecto lo que es parcial desaparecerá.

Lo que hace actuar es el AMOR, la COMPASIÓN, la VOLUNTAD y la PASIÓN.

La voluntad de los demás debe servir para ser sumada a mi voluntad de forma positiva. Me debe servir de ejemplo y nunca debe obstaculizar mi propia voluntad. Las voluntades se armonizan. Mi propia buena voluntad debe servir de ejemplo a los demás. La persona que *actúa bien y de forma consciente* tiene más voluntad que la que actúa mal e inconscientemente, por la sencilla razón de que actuar bien es más difícil y más útil.

Actuar bien y de forma consciente es actuar sin autoalterarse y sin alterar al prójimo, y sin dejarse alterar.

Me encontraré siempre con buenas circunstancias.

Actuar bien es actuar con entusiasmo, es decir, bajo la mirada de los dioses.

Actuar bien y de forma consciente es ser realista-ético-optimista. Actuar bien y de forma consciente es evitar enfermarse y evitar causarle una enfermedad al prójimo. Actuar bien, pensar bien, sentir bien, sentirse bien, tener buena voluntad, trabajar bien, hablar bien, ser educado... sin dejar en ridículo a nadie. Para no dejar en ridículo a nadie debemos enseñar nuestras virtudes al prójimo de forma educada con amor (si se trata de un familiar) y como si amásemos (si no es de nuestra familia).

Saberse organizar y coordinar en grupo. Para ello es muy necesaria la confianza entre los seres humanos que forman el grupo, y tener una planificación anticipada. Debemos cumplir órdenes y hacer cumplir órdenes (y autoordenarnos).

Preocuparse por el propio bien y por el bien del prójimo aporta felicidad.

«La verdadera felicidad consiste en hacer el bien», Aristóteles.

Tengo suerte de tener la vida que tengo, por tanto, cuanto más aprecie y valore esta vida, más me entretendré en cuidar y mantener la suerte de todas mis actuaciones. Gracias a la continuidad de la suerte tengo la oportunidad (la oportunidad hace la bondad de la acción) y la posibilidad de entrar en un círculo de perfecta armonía (me autofacilito mi propia vida conscientemente), abriéndome camino naturalmente.

El conocimiento sirve para ayudar al prójimo, no para molestarlo. *Tenemos que dominar las palabras y hacer que sirvan a la verdad. La verdad es la autenticidad delante de la realidad y siempre tiene las características de crear confianza y aportar sentido positivo a la propia acción y a la acción del prójimo.* Sabios son aquellos que dominan el cuerpo, la palabra y la mente. Ellos son los verdaderos maestros. Avanzarás en el camino de los sabios.

Ser un buen compañero de trabajo. Si yo hago un acto bien hecho, entonces querré (por mi cuidado esfuerzo) que tanto el compañero anterior y posterior a mi proceso, también actúen bien → continuidad de acciones / procesos / actuaciones bien hechas.

Debemos pensar en aquello que nos ayuda a seguir existiendo. *Debemos tener un encuentro satisfactorio con las cosas buenas y saludables.*

Sentir todo lo positivo, tanto yo como tú, de forma común y que sirve para mejorar y cambiar el planeta.

Ayudar al prójimo a hacer las cosas bien hechas. El que actúa profesionalmente debe enseñar su virtud u oficio con respeto humano y respeto por el confort. Solo uno puede ser su propio maestro, pero cuando maestro y discípulo son uno, ocurre el verdadero progreso. El verdadero maestro está sereno en cuerpo y alma, su fuerza es su paciencia y sus palabras son claras e instructivas.

Primero hacer las cosas bien y despacio, para más tarde hacerlas bien y rápido.

El hombre que quiere ser sabio y feliz tiene que intentar que su pensamiento y su acción se acerquen a su potencia. El sabio participa de la realidad infinita y eterna.

El sabio conoce la mejor manera de ayudar a las personas y no abandona a nadie.

Lo que necesite llegará. Todo lo bueno es posible.

Ayudar, compartir conocimientos y *aportar energía positiva a la vida*.

Actuar bien es actuar pensando en el futuro, es decir, la acción presente no debe ser un obstáculo para la acción futura, ya sea una acción mía o del prójimo. Cuando haces una cosa, tienes que pensar en todas las posibles acciones que vengan detrás.

Debemos ser conscientes de que formamos parte de un equipo, el equipo de la consciencia humana, y que el destino del planeta depende directamente de las acciones que emprende dicho equipo.

Un simple acto de ayuda crea una espiral sin fin de ayuda. Un acto de caridad crea una espiral sin fin de caridad.

Proceso a proceso: progreso

Continuidad del sentido del bien dentro de un orden. Proceso bien hecho + proceso bien hecho + proceso bien hecho = BUEN PROGRESO.

Entre las personas que hacen el bien existe un sentido del bien autobenéfico y benéfico para el prójimo creando de esta manera un sentido democrático bueno, porque cada ser humano es beneficiario de unos bienes de los que hace el mejor sensible uso correcto que puede y de la mejor manera que puede; crea bienes para un buen uso sensible propio, crea bienes para que el prójimo los utilice de la mejor manera que es capaz y de esta manera el prójimo pueda beneficiarse haciendo un buen uso correcto, ya que valora positivamente los esfuerzos del prójimo. Yo soy beneficiario tanto de los bienes que creo yo para mi propio bien como de los bienes que crea el prójimo para mi propio bien.

La memoria y la reminiscencia son presente.

Saberse de memoria el orden de los procesos. Y saber que pasos y sus características y concreciones se deben hacer.

Proceso a proceso, ir actuando correctamente en cada uno de los procesos aislados para, de forma dinámica, cuidar el orden, la eficacia y la eficiencia. *Buen progreso.*

Como mi acción tiene una predisposición a actuar bien porque me conviene, tengo que procurar preguntarme siempre por qué realizo cada uno de mis actos. Es decir, constatar que cada acto a realizar ocupa el lugar adecuado dentro del orden correcto, ADECUADO, CORRESPONDIENTE y PERTINENTE del conjunto de la cadena de los procesos perfectamente ejecutados que constituyen la totalidad de actos que conducen hacia el fin de la ejecución. Muchos de nuestros procesos emocionales son implícitos o inconscientes, y pueden influir en el pensamiento y la conducta sin que tengamos conciencia de ellos.

ACTUAR BIEN ES ACTUAR BIEN DESDE LA CONFIANZA Y HACIA LA CONFIANZA

El bien perfecto es la bienandanza auténtica. El hombre bueno, el hombre de fe y honrado, es bienvenido en todas partes.

No dejar de confiar en la verdad real, porque la verdad es eterna.

Desde el bien, confiar en el bien.

La sinceridad es decir siempre la verdad.

Todo acabará bien.

La auténtica confianza debe estar profundamente enraizada en la autovaloración y la autoestima.

Con la auténtica confianza llega la verdadera libertad: la libertad de ser no solo lo que realmente eres, sino de ser tan grande como puedas.

Para que haya confianza tiene que haber transparencia.

Cuando conozco y soy consciente de cómo funcionan una o más máquinas, sé qué puedo hacer y qué no en relación a esta/s.

Es más fácil que haya confianza dentro de un contexto/situación de confort. Pero si yo logro y todos y todas logramos que haya confianza en el mayor número posible de contextos y situaciones donde no haya drogas, mucho mejor.

Intuir, sentir, actuar y pensar bien con la finalidad de que haya justicia

«Cada uno de nosotros solo será justo en la medida en que haga lo que le corresponde», Sócrates.

«El mejor hombre es el que ama a lo justo», Confucio.

«Un juez recto es un juez sabio», Shakespeare.

«Quien no castiga el mal, ordena que se haga», **Leonardo da Vinci.**

«La justicia proporciona paz, pero requiere esfuerzo», Ramón Llull.

«Es cosa fácil ser bueno, lo difícil es ser justo», Víctor Hugo.

«Si quieres paz, lucha por la justicia», Pablo VI.

«La justicia es la reina de las virtudes republicanas y con ella se sostiene la igualdad y la libertad», Simón Bolívar.

«La justicia requiere poder, inteligencia y voluntad, y se asemeja al águila», Leonardo da Vinci.

«Una vez has volado, caminarás sobre la tierra con los ojos en el cielo; porque allí has estado y allí deseas volver», Leonardo da Vinci.

La imaginación

El que ha hecho uno o muchos objetos, máquinas, viviendas... bien hecho/s ha pensado antes de inventarlo, haciendo uso del coraje para pensar + espiritualidad + imaginación. Ha hecho realidad su imaginación con su voluntad. Mejor dicho: ha hecho realidad su imaginación con su voluntad. Es necesario que separe conscientemente su imaginación cerebral de su trabajo voluntarioso corporal, que se caracteriza por tener contacto con la realidad: ropa de trabajo, herramientas (acompañadas de técnicas) y las máquinas y materiales necesarios para realizar el/los bienes materiales que tiene como finalidad realizar, y posteriormente ponerle un precio y ponerlo a la venta a cambio de un valor basado en dinero.

En la medida en que los bienes materiales son cada vez más perfectos, más resistentes, más fuertes y más duraderos, el valor que tienen aumenta. Cada vez se debe pagar más dinero por ellos. Ya que la cadena de los procesos perfectos que se van uniendo de tal forma que el hombre y la mujer van creando unos objetos o piezas que llega un punto en el que las máquinas lo crean todo cada vez con mayor precisión y a merced de la exquisitez de los hombres y mujeres caprichosos que los necesitan. La cadena de procesos, en la medida que aumenta su complejidad, de forma paralela aumenta el número de procesos y, por tanto, las actuaciones son más largas.

Otras frases, reflexiones y argumentos sobre el actuar bien consciente

Actúa bien, si no, no actúes. Actúa, pero actúa bien. Actúa bien, pero actúa.

Hacer las acciones con diligencia; aplicar la audacia, agilidad, destreza y habilidad.

Definición de diligencia: cuidado o prontitud con que se hace algo. Hacer los actos con cariño y cuidado y dejar al prójimo hacer los actos con cariño y cuidado.

Definición de talante: humor o disposición de ánimo que tiene una persona. Tener un talante autosaludable y saludable para el prójimo. El talante positivo es ventajoso.

Las acciones individuales deben ser tolerantes, respetuosas, amorosas, eficientes, eficaces, coherentes, ecológicas y sostenibles, para formar un conjunto de acciones que sirvan para mejorar (cambio) el mundo.

Animándonos a nosotros mismos, podremos llegar a ser activos.

Si tus expectativas son positivas, tiendes a ver el lado positivo de las cosas, tus pensamientos son positivos y, finalmente, tus actitudes son positivas. *Las actitudes son las que determinan el comportamiento.*

Si finalmente decidimos aceptar nuestros sentimientos podemos usarlos como guía para buscar vías de acción. La experiencia de la emoción, por sí misma, nos va a conducir a una acción más sabia. Ellas solo son un movilizador. Lo que marca la diferencia es el sentido que le damos a esa experiencia emocional. Resulta necesario permitirle a nuestra emoción que informe a nuestra mente racional. En ese sentido son una luz, pero debe ser nuestra razón la que ponga a la emoción en perspectiva y proponga una acción razonada, inteligente. Actuar bien mentalmente y sensiblemente determina trabajar bien con el cuerpo. Pero es una determinación emotiva que debe ser *proporcionada, armonizada y equilibrada*. En esta determinación se efectúa el acto del *cuidado de la dinámica de los movimientos corporales y mentales*. Cuanto más precisos sean mis/tus movimientos corporales, mejor serán los pensamientos, es decir, que pensaremos bien. La gracia es la peculiar relación, de la persona que actúa con la acción. Hay que estar en movimiento para burlar todos los elementos.

Tener una adecuada capacidad para integrar las emociones en nuestro sistema racional consiste en la posibilidad de estados emocionales antes de ejecutar una acción concreta.

Capacidad de comprensión y flexibilidad. Solo a través de las emociones físicas puede el alma establecer contacto con la conciencia cerebral.

Actuar ordenadamente y de esta manera poder hacer lo adecuado (autoeficazmente) en cada duración de tiempo para que el siguiente intervalo de tiempo sea satisfactorio y pueda actuar consecuentemente y sin error en él (esto constituye la *alegría en el actuar*).

Cuando actúas bien, hacer las acciones es un alivio.

Fomentar la capacidad de emplear las facultades positivamente. *Actividad libre, positiva y consciente.*

Buena voluntad: desde la racionalidad de la acción justa y desde una buena intencionalidad, hacer las acciones bien hechas (acciones justas con intencionalidades sutiles y buenas, y finalidades iguales y de calidades saludables). Esto requiere poco esfuerzo. La intencionalidad debe estar rodeada de justicia (racionalidad de la acción justa). *La voluntad, en su nivel óptimo, es racional (es cuando voy tomando consciencia de mi racionalidad). Y es esta racionalidad la que permite seguir adelante (es decir, tener más voluntad).* Tener una voluntad inquebrantable. Me automotivo con mi racionalidad. Al constatar que tengo pensamientos bondadosos, soy autoconsciente de que yo *soy bueno* y no voy a hacer nada malo y por tanto me autocontrolo para no tener problemas con la ley. Con mis pensamientos buenos y conscientes puedo lograr que gente ignorante (que puede hacer el mal porque no piensa o porque yo tengo dudas de si piensan bien o piensan mal o ni siquiera piensan y se mueven por puro instinto) hagan el bien.

La buena voluntad de mi cuerpo es muy fuerte e inquebrantable sin dejar de ser no-violenta y sí sexual. Esta fuerte y buena voluntad que cumple con el autodeber de la estabilización pacificadora de la sociedad no me debe impedir nada y me debe servir para que yo con mi sensibilidad y mi inteligencia autoconsciente pueda constituirme a mí mismo, formarme y educarme de tal manera que mi propio ser humano con autoconsciencia autosanadora no pierda nunca sus facultades innatas y aprendidas: intuición, sensibilidad, inteligencias (lingüística, musical, lógico-matemática, corporal y kinestésica, espacial y visual, intrapersonal, interpersonal, naturista), inteligencia intelectual, inteligencia espiritual, comprensión, buena memoria, buena imaginación y buena e inquebrantable voluntad.

Tener buenos pensamientos, tener buenas emociones, tener buena voluntad, hacer el bien equivale a cooperar, a colaborar, a solidarizarse, a ser generosos, a ser educados, a ser civilizados, a ser democráticos, a ser justos, a ser igualitarios. A ser un buen ser humano.

Los buenos pensamientos se pueden solapar con las buenas emociones (sin que se produzca confusión).

La realidad nos puede impresionar de tal manera que nos nace una prudencia, y de esta combinación nos nace la racionalidad necesaria para actuar efectiva, emocional (en forma de diálogo y/o de forma empática; o cuidando los movimientos dinámicos naturales vivos y sanos) y de forma segura porque están protegidos por la vida de la naturaleza.

A veces es más fácil ser bueno que ser justo.

Sin el sentido de la justicia, la verdadera bondad, la justicia espiritual.

Aquello que le puede dar a cada cual lo que le corresponde, en un sentido de bondad e inegoísmo, es lo más difícil de alcanzar.

Un ser humano es bueno y feliz → es justo y feliz → es libre y feliz.

Tengo que darle importancia al papel que juegan los pensamientos sobre mi voluntad, en la construcción de mi ser.

La emoción mueve la voluntad muchísimo más que la razón.

Mantener el equilibrio entre el «actuar bien» y la «diversión». Conseguir que actuar no sea solamente actuar, sino actuar bien. *Actuar bien es divertido.* Estoy contento con mi propio pensamiento bueno, positivo y consciente porque el propio pensar es agradable y me hace sentirme bien conmigo mismo. Ser consciente de que he aprendido a pensar de forma ética, filosófica, humana y de forma científica.

El bien es un valor. El bien es legal. El bien es humano.

El deseo bondadoso que se caracteriza por desearme algo bueno para mí y por desearle algo bueno al prójimo, es humanizador de la autoconsciencia y además es justo.

Analizar las causas y los efectos de la realidad y saber elegir, escoger y decidirse por el *camino sin obstáculos*, en el que los resultados de las acciones son siempre eficaces. Colocar las cosas en su lugar correspondiente (ordenar mi cosas) para no autoobstaculizarme mi propia vida. De este esfuerzo me nace el deseo de que los demás no se propongan ni planifiquen determinar mi ilusión ni ponerle obstáculos innecesarios a mi vida. Vida que se caracteriza por tener un buen sentido positivo. Cuando logro (y espero que sea el máximo tiempo continuado durante la vigilia) practicar la coherencia → no autoobstaculizarme mi propia voluntad. Y de este esfuerzo me nace el deseo de que el prójimo no me obstaculice mi vida, ni mi buena voluntad (ya que estamos aquí para tener buenas intencionalidades o intencionalidades buenas con nuestros semejantes). Avanzar sin error. Si mejoras el presente, lo que sucederá después también será mejor.

Quien elige el buen camino disfruta de la felicidad en este mundo y también en el otro.

Las acciones bien hechas forman una continuidad. Familiaridad con el continuo.

Tengo cambios buenos y positivos en mi realidad humana. Saber elegir lo bueno y positivo.

Yo pienso. Vivo mis pensamientos. Yo cambio. Vivo mis cambios.

Continuidad del sentido del bien, proceso + proceso + proceso = PROGRESO.

Conseguir un sentimiento de mejora de la naturaleza que me rodea, para avanzar hacia el perfeccionamiento de nuestras naturalezas.

Cada uno de los seres humanos del planeta Tierra trabaja en un trabajo concreto (él solo, o en un grupo que colabora). Cada trabajador está especializado en una profesión, y esta profesión puede durar casi toda la vida, pero lo normal es que cada ser humano vaya cambiando de profesión a lo largo de su vida, pero este hecho no quita que no pueda llegar a ser un buen profesional en cada uno de los trabajos/profesiones que le han encomendado. Trabajos diferentes y bien trabajados.

Excelencia, PERFECCIONAMIENTO, excelencia.

Entretenerse e insistir en actuar bien, *constantemente cuidando los detalles.*

Mantener el dominio sobre el cuerpo, usándolo adecuadamente.

Me gobierno segura, tranquila y conscientemente hacia un horizonte saludable.

La verdad es un estado de ánimo que no se puede explicar con el lenguaje.

Camino autobenéfico, con ritmo y sentido, con cambios que me sirven para evolucionar suavemente. Intentar ser consecuente pero abierto al cambio.

Tener una voluntad, que una, con la suerte, en parejas, las «cosas», para que estos emparejamientos sean armónicos, serenos y satisfactorios. Unir dos o más cosas buenas.

Siempre analizando, para que sean uniones que deban producirse. Cuando uno cosas buenas, de calidad, atraigo más cosas buenas. Actuar bien es relacionarse con «cosas» buenas y saludables.

El pueblo debe respetar a lo gobernantes y los gobernantes deben respetar al pueblo. Los gobernantes deben respetar al pueblo y el pueblo debe respetar a los gobernantes.

Los mejores gobernantes son los que saben *qué* es lo qué se debe hacer, *dónde* hay que hacerlo y *cuándo* hay que hacerlo (cuál es el mejor momento para hacerlo), pero el pueblo debe poder solicitar algo que otorgue más cantidad de bienestar y consiguientemente alegría o felicidad al mayor número de personas posibles del pueblo en su conjunto (incluyendo a los gobernantes).

Frases para los gobernantes:

—La mejor manera de garantizar el bienestar del pueblo se derivaría de la falta de ambición de los gobernantes. *Saber acontentarse* es cuestión de satisfacción duradera.

—El que conduce al mundo sin hacer daño, proporciona paz y tranquilidad.

—Evitar que se produzcan malas acciones.

Actuar de la forma más simple posible.

El sabio es el guardián de la verdad y la verdad lo protege.

El que actúa bien es libre (no está determinado) respecto de los que actúan mal.

Resiliencia. Protección. Invulnerabilidad. Flexibilidad.

Una gran resiliencia es la capacidad de asumir con flexibilidad situaciones límite y sobreponerse a ellas.

Me acerco al placer.

Diversas formas de actuar bien se armonizan actuando por separado, sin molestarse, con el fin de la vida (la vida se parece más a lo blando y a lo flexible), viviendo y dejando vivir con un sentido simple que «facilita las cosas» al prójimo con respeto y confianza. Existen tantas maneras de actuar bien como estilos saludables de actuar. Feliz la vida de quienes viven en armonía.

Si yo actúo bien, no soy un impedimento para nadie; si el prójimo actúa bien, no es un impedimento para mí.

No decir cosas negativas a nadie es actuar bien, porque no le determinas nada negativo, al contrario, es bueno decirle cosas positivas al prójimo para que de esta manera este consiga sentirse querido, más libertad y más voluntad.

Decir siempre la verdad (ser siempre sincero) es actuar bien. Es decir, *no mentir.*

Si dices siempre la verdad, enseguida detectas la mentira.

No robar. Si siempre compras, enseguida detectas lo robado.

Intuir algo.

Pensar con palabras sobre lo que he intuido.

Pensar sobre el «cómo» de lo que he intuido.

Basado en la intuición, pensamiento formal consciente.

Me anticiparé con el cuidado y con la intuición cuando haga falta para evitar/esquivar el sufrimiento.

Mis pensamientos me cambian y me transforman para esquivar cualquier problema, error o enfermedad que me hayan prescrito.

Se podría decir que hay dos concepciones básicas del «actuar bien»:

—La antigua: trabajar mucho y con ganas.

—La presente: actuar cuidando la calidad y la dinámica de los movimientos y del trabajo en sí.

Cuidar los acabados con la máxima precisión.

Gobierno mi destino para avanzar por un camino en el que me atraen los seres vivos (biofilia). Y obtener un sentido de vida saludable en el que gracias a la curiosidad aprendo muchas enseñanzas. Escojo las vidas, las fuerzas y las energías positivas en el buen sentido (o camino) para unirme a ellas armónica, saludable y satisfactoriamente.

Es muy bueno sentirse portador creativo de vida. El hombre es la vida consciente de sí misma. Pleno desarrollo de todas las energías humanas. Mediante el amor, el ser humano crece, se humaniza y es humanizador.

Cuido mi salud corporal/física, mi salud mental/psíquica, mi salud personal entera y limpio y cuido el lugar donde vivo (mi casa) para protegerme doblemente.

Organizarse antes de y para actuar bien, dejando preparados todos los elementos → limpiar el lugar de trabajo una vez este esté acabado.

Trabajar con las herramientas adecuadas, es decir, con aquellas que están hechas para un fin determinado.

Limpiar las herramientas una vez acabado el trabajo.

Me aíslo, me separo, me refugio, me alejo, me aparto, me distancio y no participo de lo negativo, trágico, problemático, oscuro, terrorífico, malo, agresivo, brutal, violento y cruel.

Limpiar los objetos y mantenerlos separados. Esto sirve para una mejora de la sensibilidad y de los sentimientos.

Desde la sensibilidad tratar los objetos, las máquinas y las viviendas... con cuidado y delicadeza.

Inmunidad: evitar aquello que se va a intuir / detectar como negativo. Evitar aquello que me pueda hacer perder la sensibilidad.

La autoestima es el sistema inmunológico de las actitudes.

Cuando el pensamiento es desenmarañador, nos separamos de la realidad problemática y vivimos más despejadamente y serenamente. Siempre soy bueno, positivo y optimista y siempre desaparecen la bestia y la barbarie de mi yo. Las personas religiosas son más optimistas.

Es preciso tener un nuevo estado de ánimo: un talante de esperanza y de amor a la vida.

Natura non contristatur («la naturaleza nunca se pone triste»). Los animales quieren comunicarse con el hombre. Me río con la naturaleza, no de ella. Una carcajada moviliza 400 músculos y produce una reacción bioquímica que libera endorfinas (neurotransmisores de efectos calmantes y analgésicos similares a la morfina), dopamina (neurotransmisor que favorece la comunicación neuronal y, por tanto, la agilidad mental) y adrenalina (hormona que favorece un estado de alerta), y disminuye la concentración de cortisol (hormona asociada al estrés que acelera el envejecimiento de las células cerebrales y empeora la memoria), además de quemar calorías. Participo de la vida positiva y sana de la naturaleza. Dejo que la vida me viva. Existe un respeto entre la naturaleza y yo que me sirve para estar rodeado de seguridad. Si dejo a la naturaleza en paz, ella inocentemente me deja en un estado de seguridad; y una vida con un sentido *sano, autosanador, saludable,* amable, cuidadoso, cariñoso y amoroso, *estabilidad* (podría haber un sentido de la estabilidad que tendría que ver con la sociabilidad. Lo que nos hace humanos es la relación social con los demás humanos, y la genética. Es decir, a más sociabilidad, más estabilidad). Lo que ayuda a socializarse es la *bondad de un alma.* El Alma, con su benevolencia, irradia armonía a través de la personalidad. Mientras nuestra Alma y nuestra personalidad estén en buena armonía, todo es paz, salud, alegría y felicidad. *Si actuamos bajo los dictados del alma, todo está bien.*

La estabilidad de la buena voluntad no-violenta tiene más poder que la estabilidad de la sociabilidad, pero una no quita la otra. Es bueno que convivan las dos.

Actuar bien conlleva tener un bienestar físico, mental, social, cultural, económico, político, ciudadano y democrático.

De los tres tipos de líderes (agresivo, democrático y autoritario), el democrático es el mejor, ya que de esta manera, el líder (jefe o director) trabaja esforzándose igualmente, como un trabajador más del grupo que forma la totalidad de la empresa.

Las perspectivas optimistas facilitan la estabilidad.

Busco la vida colaborando desde una inocente intencionalidad o una iniciativa inocente.

Vínculo con los seres vivos que se caracterizan por la familiaridad con el continuo.

Tengo que ser mi propio mejor amigo.

Sumar amores.

Ir haciendo los actos bien hechos e ir encontrando los buenos resultados. Hacer acciones y las actuaciones con un fin saludable. *Al tener salud, me conviene actuar bien para mantener esta salud.* El que actúa bien se mueve hacia y por el placer sano.

Aprovechar todas las alegrías que nos da la vida del mundo de los sentimientos y ser consecuente; SABER UNIR SITUACIONES DE BIENESTAR Y ALEGRÍA (en estas situaciones no tiene por qué haber drogas de por medio; son situaciones en las que vivimos la vida más intensamente; y nos pasa el tiempo y la vida más rápido/a), para que el sentido de nuestros actos tenga como finalidad el diálogo empático, la salud y la felicidad.

Organizarme para actuar bien, dejando preparados todos los elementos antes de ponerme a trabajar.

Actuar bien es *ordenar* los actos que hay que hacer, y hacerlos, antes de que se produzca el desorden.

De este modo podré gobernar a mi ritmo mi propio destino y evolucionar naturalmente (es decir, al ritmo más adecuado para mí, con prudencia y paciencia). Y perfeccionarme sin dejar de ser humano y amoroso. *Tener perseverancia (en las acciones y en la conducta), firmeza, tesón y constancia (en los sentimientos y en las opiniones).*

Cuidar el enfoque (saber aprovechar la oportunidad para enfocar «placenteramente» todo lo bueno, nuevo, sano y saludable). Para esto es muy oportuno cuidar las relaciones que hay entre los objetos, entre ellos mismos, es decir, ser ordenado (si eres ordenado sabes lo que se debe hacer en el orden de los momentos que van desde el principio hasta el fin del trabajo) y limpio. Separar entre ellos los objetos que puedan estar separados.

La mirada divina, viéndolo todo claramente, no transforma ni trastorna la calidad de las cosas.

Vivir agradable, aliviada y suavemente.

Tener una coherencia entre la imagen que tengo de mí y la que tienen los demás de mí mismo. La autoestima tiene dos componentes: la autoimagen y el autoideal. En la medida que mi autoimagen, como me veo, se acerca a mi autoideal, como te gustaría ser, tu autoestima es más alta.

Familiarizarme con mi ser (mi yo, mi persona).

Mediante el arte y la estética (acompañados del pensamiento esclarecedor —o por separado) puedo eliminar las representaciones (imágenes fenomenológicas espirituales), negativas, dañinas y erróneas (también lo hago concentrándome con la vista en lo bueno/positivo). Las representaciones espirituales negativas no deben influir ni en mi acción, ni en mi pensamiento.

No participo de la contradicción. Me salvo a mí mismo evitando las malas representaciones espirituales y reales.

Nos reconocemos humanamente, nos identificamos humanamente, nos aceptamos humanamente, nos necesitamos humanamente, nos ayudamos humanamente para engrandecernos humanamente y sumar energías, formando parte de la voluntad general y hacer de la obra humana una bella obra (nos respetamos bien à somos iguales en cuanto al bien).

Dejar desinteresadamente que el prójimo que necesita un bien pueda participar de ese bien.

Ayudar a los demás desde el amor propio.

Actuar silenciosamente para el beneficio de mi propio bien y del bien ajeno. Actuar silenciosamente es una forma de no perder la sensibilidad, en este caso el sentido del oído.

Tener cariño por mi propio ser y por los objetos que me pertenecen o no. Amar a la familia.

Cada individuo es como una rueda que, moviéndose en torno a su propio centro, da y toma la vida.

Solo con lentitud y dificultad alcanza el hombre la completa consciencia de su unicidad.

Continuidad estable de la autodisciplina, la profesionalidad y la responsabilidad en un ambiente coherente y consecuente. Los buenos profesionales son aquellos que hacen más de lo que se espera, tienen buenas intenciones y un orgullo profesional que les impide no quedarse en la mediocridad. Tienen una actitud fantástica, sienten la empresa como propia, son responsables, proactivos, alegres, entusiastas, positivos... Transmiten este entusiasmo y esta energía. Actuar bien es actuar con entusiasmo, es decir, bajo la mirada de los dioses.

Como mi acción tiene una predisposición a actuar bien porque me conviene, tengo que procurar preguntarme siempre por qué realizo cada uno de mis actos. Es decir, constatar que cada acto a realizar ocupa el lugar adecuado dentro del orden correcto del conjunto de la cadena de los procesos que constituyen la totalidad de actos que conducen hacia el fin de la ejecución. Muchos de nuestros procesos emocionales son implícitos o inconscientes, y pueden influir en el pensamiento y la conducta sin que tengamos conciencia de ellos.

Una acción que no es mala en ningún sentido, es buena. Una acción excelente es aquella:

—Que no tiene error.

—Que no destruye lo más mínimo.

—Que no desagrada a nadie.

—Que admira placenteramente el conjunto de todos los seres humanos del universo entero.

La bondad es la belleza en acción → la belleza cambiará el mundo, trabajará para construir un futuro mejor (la voluntad y la belleza se ayudan) sin que nos deje de atraer la vida, mi propia vida humana y la vida de los demás seres vivos y humanos), que me hace feliz y al mismo tiempo hace feliz a todos los seres vivos y humanos del universo.

Mi belleza cuidada por mi autoestima y mi autorrespeto mejora y me hace más feliz.

Ver la belleza de una joven aumenta mi alegría.

La belleza es la ausencia de dolor y de sufrimiento.

Actuar con prudencia es el tipo de reacción que debemos considerar especialmente buena.

A mí no me va a pasar nada malo. No debo menospreciar mis propias buenas acciones, ni sus futuras y buenas consecuencias.

Darse cuenta de que la disposición a aceptar las cosas que son buenas para uno mismo constituye una virtud de la voluntad. Recibir la amistad y el afecto como una bendición de la vida. *Un amigo nunca me drogará, yo no drogaré a ningún amigo. Un amigo va más bien que un medicamento.* El principal apoyo para la estabilidad y constancia en la amistad es la *fidelidad*. La amistad debe ser compasiva, libre, dulce, *afable* (definición de afable: agradable, afectuoso y amable en el trato y en la conversación con los demás).

Quiero pertenecer a un grupo de amigos que no se droguen entre ellos mismos. Yo no drogo a ningún amigo y ningún amigo me droga a mí.

Si esperamos mucho, recibimos mucho.

Trabajar bien, mucho y con autoconsciencia sin drogas a cambio de mucho dinero.

A cambio de mucho dinero → trabajar bien, mucho y con autoconsciencia.

Esperanza y disposición a aceptar las cosas buenas.

La elección racional como un aspecto de la bondad humana situado en el corazón de las virtudes.

La racionalidad práctica consiste en la búsqueda de la felicidad y en nada más que eso.

La felicidad es el bien de la humanidad. Estar en un estado mental de felicidad.

Preocuparse por el propio bien y por el bien ajeno (del prójimo), aporta felicidad.

Los objetos, máquinas... que pueden causar daño, ya sea por falta de cuidado o prudencia del que lo va a usar o por falta de consciencia, deben tener una protección.

Saber/reconocer que el prójimo, mi conocido, mi amigo, mi vecino... actúan bien es, en cierto modo, tranquilizador.

El disfrute es algo que debe formar parte de una vida feliz.

Lo importante para el disfrute es la percepción de algo como bueno.

La bondad es anterior al disfrute.

Factores de la felicidad: DISFRUTE, ALEGRÍA, ESTADO DE GRACIA.

Entre todas las alegrías, la absurda es la más alegre; es la alegría de los niños, de los labriegos y de los salvajes; es decir, de todos aquellos seres que están más cerca de la naturaleza que nosotros.

Siempre voy a tener buenos pensamientos positivos.

La dicha es la esencia de una buena vida.

Relación que existe entre la virtud y la buena vida.

Actuando bien, es decir, actuando correctamente, y si se puede actuando de forma excelente, continuadamente y de forma consciente consigo satisfactoriamente la bienaventuranza, el éxito en la vida y la familiaridad con el continuo de la suerte. Cuanto mayor sea el número de acciones buenas (o buenas acciones) más éxito tendré en la vida. Y en el éxito económico.

Éxito: prosperidad en algo bueno.

Felicidad: disfrute de las cosas buenas. Disfrutar al perseguir y obtener buenos fines.

El hombre justo es más feliz que el injusto.

La vida del justo es mejor. Las obras del justo siempre están vivas. Debemos ser justos todos con todos, todas con todas, todos con todas y todas con todos. La vida va a ser justa conmigo y voy a tener mucha suerte.

La justicia se parece más al pensamiento, a la visión y a la salud.

Luchar por la justicia. Actuar y hablar cuando la justicia pueda verse alterada o corrompida. Cuando se actúa bien, se destruye todo lo malo. Cuando actúo por amor no cometo nada malo.

Las buenas obras se valoran en la medida en que son humanas y justas.

La felicidad reside en la armonía del alma. Las acciones bien hechas deben formar parte de una armonía.

Nietzsche identifica el bien humano con la individualidad, la espontaneidad, el atrevimiento y una creatividad que rechaza la idea de una regla para vivir que valga también para otros.

No-contradicción, no-interferencia, no-resistencia, no-violencia.

La no-violencia es amor y despierta el valor en las personas.

Aspiramos a vivir de un modo que nos convierta en personas admirables.

Los dioses deben ajustarse a aquello que es santo o justo, exactamente igual que nosotros.

Actuar bien, sin molestar, ni causar daño y sin romper nada. Quien no daña a los demás, hallará finalmente la felicidad.

Yo, personalmente, actúo bien, desde la subjetividad interactúo con la realidad que han realizado otros seres humanos. Si todos/as actuamos bien, *la felicidad es máxima.*

Lo que es bueno, sano, fuerte, y no se ve, si insiste en su condición, al final vencerá.

Aplicar el estrés y aprender del miedo, sin salir de la buena ejecución. A pesar de actuar siempre y para todo bien, no me tengo que fiar demasiado de mí mismo. De esta manera no me confío demasiado y no caigo en el error. Cuando se arregla un error, hay que ir con cuidado de no cometer otro. Actuar bien es no ponerse obstáculos a uno mismo.

Llevar a la práctica el estrés para que la producción sea abundante.

Voy por la vida rodeado de un *sentimiento* compuesto por la *suma de sentimientos* que se desprenden de la totalidad del conjunto que forman cada uno de mis actos bien realizados, solamente los bien realizados → excelencia → perfeccionamiento → evolución. Cada uno de mis buenos actos me despierta un buen sentimiento.

Mi organismo entero funciona excelentemente. Mi ser humano actúa bien enteramente.

Un organismo en que la mayor parte de las células funcionan con energía crece sano. Si las células son capaces de adaptarse a nuevas circunstancias del entorno evolucionan, y con ellas el organismo progresa. Aceptar y adaptarse a la bueno y nuevo.

Las leyes de la naturaleza casi siempre se inclinan a nuestro favor, y estoy convencido de que la humanidad continuará evolucionando para mejor en todas sus facetas.

Actuando bien conscientemente me condiciono conscientemente a estar bien.

Actuar bien me autodetermina positivamente y conscientemente a estar bien.

Respeto y admiro el trabajo hecho por otros seres humanos.

En el diálogo, adular y elogiar a los virtuosos. Es decir, a los que siempre actúan bien (en cada uno de los momentos/procesos) mientras están realizando una obra. Vivir en presente, pero cuidando de que ese presente sea siempre superior al momento anterior.

Me separo de la enfermedad y me acerco a la salud. Esta filosofía se basa en la salud (*estar bien*) y se dirige hacia la salud (*actuar bien para seguir teniendo salud*).

Amo mi vida. Me merezco lo mejor. Me merezco la vida más feliz.

«Un hombre feliz es un bien común», George Chapman.

Es muy conveniente tener un carácter neutral de expresión positiva (para no autodañarse, no dañar y que no me dañen) cuando se trabaja con otros seres humanos. Vigilar la actitud, la conducta, el comportamiento y el proceder. Cuando trabaje con otros, en grupo, es muy importante respetar al prójimo, cuidar el tono de voz y vivir y dejar vivir.

«El que sabe hablar sabe cuando lo tiene que hacer», Pitágoras.

«Así como hay un arte de bien hablar, existe un arte de bien escuchar», Epicteto de Frigia.

«No ofender de hecho ni de palabra [...] concentrarse en los buenos pensamientos y vivir una vida sencilla» Buda.

«Se tú el cambio que quieres ver en el mundo», Gandhi.

Actuar bien para cambiar y mejorar el mundo, no para dejarlo igual.

Me tengo que preguntar porqué hago las cosas: esto lo hago para ser más eficaz en mis acciones, para actuar sin error y tener mayor confianza en mí mismo.

La inteligencia es actuar bien y conscientemente desde una intuición intelectual eficaz y sin error. La autoeficacia de la autoconsciencia no quita la eficacia en la acción/trabajo del cuerpo. Lo que llamamos inteligencia es, ante todo, la capacidad que tiene esta de crearse a sí misma.

La inteligencia se desprende de la sensibilidad. De la sensibilidad se desprende la inteligencia.

Memorizar las normas y las leyes para ser su esclavo y sentirse bien estando determinado por su buena función.

La memoria puede ser la mejor compañera. La memoria es una atracción de la materia, una fuerza vinculante y conectiva.

La memoria no debe afectar negativamente una buena actuación.

Hemos de encontrar las *explicaciones causales optimistas*. Estas explicaciones causales optimistas te dan fuerzas para actuar y superar obstáculos de la vida. Flexibilidad (resiliencia).

Buscar las preguntas que me obstaculizan avanzar (progresar, evolucionar), cuidar la intuición intelectual y el coraje para pensar y de esta manera conseguir y obtener las respuestas. Esas son las verdades claras y distintas (evidencias) que consigo subjetivamente para poder vivir en la verdad y consolarme con ella y obtener cierta satisfacción, amor propio, autoestima y alegría. La autoestima alta es un cañón, su rendimiento es superior y es, sobre todo, muy feliz. La acumulación de aciertos genera felicidad. Para encontrar a Dios hay que esperarlo, lo sagrado hará su aparición. Todo lo que te hace falta saber te es revelado.

Los pensamientos que nos limiten deben ser debatidos, analizados y de esta manera encontrar las respuestas y conclusiones, que nos ayudan a avanzar y seguir con éxito en nuestra vida, trabajo... *Cuanto más avanzamos, mas constituimos una bendición para quienes nos rodean.*

Con el pensamiento puedo eliminar las imágenes fenomenológicas espirituales (en forma de recuerdo) que me «quieren» molestar. Para realizar verdaderamente la completa autosalvación hay que realizar la suave y viva autosalvación física y mental.

Cuando el hombre se ha desarrollado entera y plenamente, encuentra una nueva armonía, la armonía del individuo plenamente desarrollado, razonable, consciente de sí, amante, que ha vuelto a ser uno con el mundo y, sin embargo, sigue siendo él mismo. Cada individuo representa la humanidad entera, y la misión del hombre es desarrollar la humanidad en sí mismo. El hombre llega a la cúspide de la evolución natural. Tenemos que tomar en serio el fundamento humanista de nuestra cultura espiritual. De este modo, nuestra cultura podría recuperar vitalidad y podríamos tener futuro.

Somos producto de un esfuerzo sostenido de la naturaleza para que podamos vivir.

La salvación es el resultado de los esfuerzos del hombre por encontrar un camino de perfección.

Esfuerzo entusiasta.

Cuando dos seres humanos se proponen hacer/ejecutar algo bien, si se actúa como si fuera una sencilla prueba donde las dos personas compiten pacíficamente y conscientemente para ponerse de acuerdo en realizar x bien, entonces se actúa mejor, excelentemente y sin discordia.

Una persona realiza x.

Debe asegurarse de que el objeto x no va a causar ningún daño o error en el comprador o el que lo use.

Responsabilidad por el objeto.

Que cuando alguien quiera disfrutar del objeto x realizado por mí, lo haga *placenteramente*.

Con cuidado → yo debo poder hacer los actos con cuidado y el prójimo debe poder hacer los actos con cuidado.

Me sentiré bien antes, durante y después del trabajo.

El final de la acción es lo más importante, es decir, cuidar los *acabados con precisión*. Disfruto de ver los resultados.

Sentirse útil es muy positivo.

Aprender de los errores. Rectificar es de sabios.

Trabajar cómodo y con buenas herramientas. Recoger y ordenar las herramientas una vez acabado el trabajo. Un lugar para cada cosa y cada cosa en su lugar.

Cuidar la limpieza.

Limpiar el lugar de trabajo una vez este esté acabado.

La persona que hace el bien, debe recibir el bien.

Actuar bien y de forma autoconsciente	
Pensar bien y de forma autoconsciente	en mi propio favor y en favor del sujeto con que interactúo.
Tener una buena voluntad no-violenta	

Ser bondadoso con los demás es hacerse también un inmenso favor a uno mismo. *Hacer el mayor bien y promover el cambio correcto.*

Cuando realizo algo bien, me puedo beneficiar y además mi acción es satisfactoria y no cae en el error. El prójimo se puede beneficiar de aquello que yo hago para que su acción no caiga en el error. Cuando existe la posibilidad de que haya confianza desde mi yo (cuando visualizo un bien hecho por el prójimo) hacia el prójimo, entonces me puedo beneficiar de objetos, máquinas y viviendas que yo constato que están fabricados correctamente con la finalidad de que mi acción no caiga en el error y pueda continuar mi vida de forma sana.

Autocontrol y autoconsciencia.

Los hombres son respetables solo cuando respetan.

Para ser bueno con los demás, primero tengo que ser bueno conmigo mismo.

Si mi yo vivo está separado de un conjunto de pasos, pero controla un grupo del conjunto, y en alguno de esos pasos hay que arreglar o destruir algo (que no sirve, por ejemplo) entonces se efectúa por la responsabilidad propia, sin que nadie me lo diga.

Nos podemos encontrar con algo mal hecho, y que el uso poco práctico (poco práctico en la medida que nos obliga a hacer movimientos corporales arriesgados para nuestra propia vida integral) de este algo, nos crea, en relación con ello, una necesidad consistente en cambiarlo con la finalidad de que su uso sea más práctico. Para cambiarlo es necesario destruir lo que está mal hecho y construir en el mismo lugar, algo realizado correctamente, que su uso sea práctico y nos permita seguir con una vida integral.

Actuar bien es bueno, justo y me mantiene en libertad. Gracias a la continuidad de las acciones buenas y justas llegamos a la libertad y nos mantenemos en ella. *Que yo me mantenga libre* por mi propio esfuerzo de hacer las cosas bien, *es justo para mí*.

Entre personas que actúan bien existe la amistad y la libertad. Somos libres porque realizamos actos buenos y conscientes.

No tenerle miedo al actuar bien consciente.

Las personas que actúan bien se pueden poner de acuerdo más fácilmente en realizar proyectos juntas. Como mayor sea la *confianza* entre los seres humanos que tienen la voluntad y la convicción de tener éxito económico, el proyecto podrá ser de mayor envergadura. Crece el *atrevimiento* desde la fuerza del bien y desde la autoconfianza en la prosperidad económica y de los beneficios seguros que voy a ganar o vamos a ganar.

El temperamento optimista siempre mejora.

Si hago siempre el bien, debo recibir siempre el bien del prójimo. Esto me sirve para no tener problemas. Pero a veces los que actúan mal necesitan a los que actúan bien para solucionar los problemas. Si se hiciera justicia, los que actúan mal deberían ser los enfermos.

Las personas que funcionan bien en este mundo son aquellas que al levantarse por la mañana buscan las circunstancias que quieren y si no las encuentran, las inventan.

Actuar bien es actuar conscientemente. Actuar bien es humano. Actuar bien despierta la consciencia humanista. Aquí transmitir consciencia es humano: con la intención de pasar de una bondad a una bondad mejor, se trata de un cambio evolutivo a mejor.

Evolución del hombre hacia un horizonte humanista. Desarrollo de sus cualidades específicamente humanas.

Tratar los objetos delicados con cuidado (se sobreentiende que si trato los objetos con cuidado y son objetos que no he fabricado yo, aunque sean míos porque los he comprado yo, si los trato con cuidado será en beneficio propio y en beneficio de la relación espiritual que se establece con el / los fabricante / s). La relación con objetos bien trabajados se basa en el "valorar el esfuerzo" de otro ser humano, lo conozca o no, y de la constatación de que el / los objeto / s que observo se pueden reinventar y perfeccionar. El hecho que yo vea que los objetos, máquinas y viviendas se puedan mejorar y perfeccionar no quiere decir que me entre un deseo de destruir algo que para mi sea perfeccionable, al contrario me tengo que poner manos a la obra y esforzarme y tener voluntad para perfeccionar lo que yo creo que se debe perfeccionar.

Para poder perfeccionar algo necesito que la entidad bancaria me dé el crédito con la cantidad exacta de dinero (presupuesto) que he calculado que necesitaré para poder tener éxito económico. Es decir, debo de poder comprar todos los recursos necesarios (nave industrial, máquinas, herramientas, materiales, transportes...) y poder pagar un sueldo emocionante a mis obreros o trabajadores de todo tipo (ya sean ingenieros que trabajen diseñando, mecánicos fuertes que hagan máquinas que no existen, obreros, operarios, jefe de personal, transportistas...). Y de esta manera poder devolver la cantidad de dinero al banco y ganar mucho dinero yo mismo (el imaginador de la buena idea).

Para empezar a realizar o llevar a la práctica mi proyecto-negocio debo saber que la entidad bancaria nunca me dará el 100 % de la cantidad que yo necesite pedir.

Actuar bien me permite tener una percepción, una atención, una concentración y una memoria excelentes.

Evitando atraer la atención, los sabios asumimos un doble objetivo: preservarnos y obrar de manera eficaz.

Si siempre estoy atento, no puedo dejar que me engañen.

Aquel que actúa siempre bien no tiene problemas ni los causa. Si siempre actúo bien y lo hago todo correctamente, no puedo dejar que se equivoquen conmigo. Ser educado. No copiar lo que han realizado otros, con intereses económicos.

Actuar bien es actuar ágil y hábilmente (la habilidad proviene de la experiencia).

Existe un sentido del deber que no está arraigado en la hostilidad.

El tipo de pensamiento que se sigue de hacer las cosas bien es el de la *autosalvación.*

Para que haya comprensión y entendimiento es necesario un contexto o situación de confianza y confort para que se pueda aprender y practicar lo aprendido, sin autolesionarse y sin lesionar.

Para *actuar bien con autoconsciencia autosanadora* se tiene que tener atención en no perder la sensibilidad ni hacer perder la sensibilidad a los seres y las seres que están cerca mío.

La espiritualidad debe ser el fin de todas las actividades. Todo es una oportunidad para el enriquecimiento espiritual.

Cuando actuamos excelentemente y con autoconsciencia autosanadora y sin error dejamos a la espiritualidad que permanezca intacta.

Hacer el bien y recibir el bien quiere decir que si yo no me molesto, ni molesto a nadie, a mi nadie me molesta; si yo no me he molestado en el pasado, no me molesto en el presente ni molesto a nadie en el presente (porque me respeto a mí mismo), no molestaré en el futuro.

Si decido no molestar en el futuro, a mi nadie me molestará ya que recibo el bien.

Es bueno disfrutar una vida virtuosa y es bueno tener una fe pura y firme. *Es bueno llegar a la sabiduría y liberarse de todo pecado*

Si yo deseo tener éxito en la vida, puedo desear que otro ser humano tenga éxito en la vida.

Es tan importante hacer bien las cosas (en nuestras actuaciones largas nos vamos dando cuenta de que somos capaces de crear algo de buena calidad cuidando mucho los acabados) como dejar que se hagan bien (aptitud que permite a nuestra verbalidad y empatía con otros trabajadores para empezar y acabar algo con éxito).

Dejar actuar bien: tanto en los momentos y situaciones en las que estoy quieto o estoy actuando bien con autoconsciencia y sin error, dejo al prójimo que esté quieto o que actúe bien con autoconsciencia y sin error. No nos deseamos nado malo. Lo que permite la positividad de la relación, que a su vez permite que exista un deseo mutuo de éxito en la vida. Es decir, deseamos que el prójimo tenga éxito económico y en la vida. El prójimo me puede desear a mí que yo tenga éxito económico y en la vida. Hacer y dejar ocurrir son, de hecho, un solo proceso.

Si actúo bien y dejo actuar bien, me creo bien y creo bien. Si no soy el causante de ningún error no puedo dejar/permitir que causen un error (que no existía, ni debe existir) en mí.

Una persona amable es una persona que despierta el deseo de ser amada y lo despierta porque irradia el bien.

Cuando amamos, deseamos el bien al prójimo, y cuando somos amados, experimentamos que el prójimo desea nuestro bien. Una persona que hace el bien despierta el deseo de ser amada.

Si actúo bien no puedo dejar que me engañen, ya que al actuar siempre bien, enseguida detecto el mal.

Actuar bien y de forma autoconsciente no quiere decir ser susceptible, ni prepotente, ni arrogante, ni ordinario.

Al actuar transparentemente estoy protegido (resiliencia) e impido que las demás personas tengan pensamientos negativos sobre mi persona. Mi actuación no debe caer en el error del prójimo. Yo nunca voy a tener malos pensamientos. Voy a pensar positivamente. Cuando actúas bien, todo está controlado.

Si no me conocen bien, no pueden decir que actúo mal. No dañar la salud del prójimo porque estaríamos cayendo en una mala intencionalidad.

Vivir de forma sana y dejar vivir de forma sana.

Amar mi propia salud y dejar a la prójima que ame su propia salud.

Si no me conocen bien, no pueden decir que tengo una enfermedad.

Aceptar y decir sí a todas las buenas intencionalidades, ya vengan de dentro o de fuera.

Si actúo siempre bien y lo hago todo bien, no debo permitir que una persona que no actúa bien me cause problemas, porque no me lo merezco. *Si actúo siempre bien, no necesito autoridad.*

Los buenos han de tener recompensa.

«Haya la recompensa de hacer el bien por el bien mismo», Mahabharata.

Actuando con precisión llegamos a la seguridad, el bienestar y el confort.

Cuando actuamos bien no participamos de la muerte ni del odio, están superados mediante nuestra autoestima y nuestro amor al prójimo. Cuando se hacen más eficaces las acciones, son más fáciles de cumplir.

Actuar bien continuadamente y conservando la dinámica de los movimientos me aleja del sufrimiento del cuerpo y del pensamiento. No hay que olvidar que el bien es más fuerte que el mal.

Es muy importante que cuando se actúa bien, no se provoque una mala actuación del prójimo. Actuar bien debe provocar la buena actuación del prójimo como lo hace un buen ejemplo.

Al actuar siempre bien y sin error, no permito que los errores de los demás perjudiquen mi buena actuación (la actuación es una serie continuada de actos).

Cuando actuamos bien, no existe el sufrimiento.

Si yo actúo *siempre* bien y lo hago *todo* bien, desaparecen todos mis problemas. Pero entonces, los que sí tienen problemas (con ellos mismos) son los que actúan mal.

El «siempre» y el «todo» se refieren a las propias acciones, es decir, las acciones personales.

Cuando se actúa bien se crea más bien, porque servimos de ejemplo; y al mismo tiempo se destruye lo malo e innecesario. *El mal es neutralizado por el bien.*

El bien perfecto es la bienandanza auténtica.

Una acción bien hecha no contribuye al cambio climático.

Actuando bien me separo del conflicto malo.

Ser educado.

No copiar lo que han realizado otros, con intereses económicos.

Los seres humanos que trabajan/actúan esforzándose igualmente (sin diferencias ni favoritismos) se compenetran mejor, se reparten el esfuerzo entre los trabajadores del grupo y realizan mejor el trabajo, y *«trabajan más»* porque el esfuerzo es menor (ya que todos colaboran por igual repartiéndose los esfuerzos).

Uno de los beneficios de actuar siempre bien es que no se rompe nada, por tanto no hay que arreglar nada.

Pensar bien, correctamente, perfectamente y excelentemente con autoconsciencia (subjetiva) y/o consciencia (colectiva, grupal u objetiva) mientras nos entretenemos en planificar algo constructivo (en el buen sentido o en el mejor de los sentidos) es un deber.

Cuando actúo bien, actúo sin sufrir y puedo pensar sin sufrir. Si actuamos bien, pensar es un placer autoconsciente que practica el autodesapego respecto de las drogas adictivas. Sentir placer siempre.

Sentirse bien siempre.

Si actúo siempre bien no sufro ni me canso, por tanto, puedo pensar sin sufrir ni cansarme.

Buena capacidad de recuperación.

Personalmente soy invulnerable a las malas intencionalidades, porque no participo de ellas. *Resiliencia (protección).* Soy invulnerable a las malas intencionalidades, porque actuar bien es hermético.

Hacer actos y actuaciones bien hechas por personas que no se encuentran presentes, con la esperanza de que estas personas también hagan actos y actuaciones bien hechas por mí. Actuar en favor de los demás, para que los demás actúen en favor mío. *Si yo admito que el prójimo tiene buenas intencionalidades conmigo, evito buscarle problemas, y al revés, yo tengo buenas intencionalidades con el prójimo para que este tenga bienestar y se sienta agradecido y evite buscarme problemas.* Pensar bien y con una buena intencionalidad, en favor propio y/o en favor de otros; se encuentren presentes o no. El hecho de que el individuo siga físicamente vivo indica que el Alma que rige su cuerpo no carece de esperanza.

El hecho de actuar lo mejor posible no debe causar más cansancio de lo normal, sino que debemos enfocar plancenteramente los finales de las acciones, para contemplar la belleza de las acciones y sus fines, y de esta manera, encontrar un estilo admirable y un sentido saludable.

En el pensamiento y en el diálogo, no exagerar ni generalizar. Es decir, ser frugal.

Tono del pensar neutral (con buen contenido).

Tono de voz neutral racional y emocionante en el contenido y en la forma (sin que se menosprecien ni el emisor a sí mismo —para esto es necesario estar autodesapegado de las drogas adictivas— ni que el emisor menosprecie al receptor —por que haya consumido drogas, o porque sea de clase baja o porque llegue cansado del trabajo).

Actuar bien es no dejar que te alteren. Hablar con un tono de voz neutral es tener buenas intencionalidades.

Valorar y evaluar los cambios, para evolucionar.

Familiaridad con el continuo de la suerte.

Estoy bien: las emociones son anteriores al razonamiento.

Las buenas emociones son anteriores a los buenos razonamientos.

Todas y todos las/los civilizados tenemos muchos objetos de todo tipo, tenemos tecnología, tenemos una vivienda con servicios contratados y además tenemos vehículos para conducir por las pistas forestales, vías urbanas, calles, carreteras, autopistas... y al hacer un buen uso sensible y correcto de todos estos bienes nos autoalegramos nuestra vida, somos felices y nos comunicamos y dialogamos para proponer y practicar salidas y compartir conocimientos de todo tipo y sabidurías poéticas.

Actuar bien: el razonamiento provoca saludables emociones. *El coraje para tener pensamientos buenos nos acerca y nos proporciona bienestar. La finalidad de todas las acciones es el bien y la felicidad.* Los bienes materiales que compramos con nuestro dinero nos proporcionan alegría, bienestar y felicidad.

La buena voluntad con la que gano dinero me proporciona tantas alegrías en la vida, que me permite ser positivo, pensar de forma positiva y hablar de forma positiva, y podemos realizarnos y practicar lo que hemos pensado (y cuando tenemos pareja o familia podemos hablarlo —o simplemente tengamos amigos, compañeros con los que juntar el dinero con la finalidad de planificar y crear nuestra propia empresa) anteriormente con el dinero que ganamos en nuestro trabajo remunerado.

Si estoy bien, actúo bien.

Si actúo bien, estoy bien.

Soy autoconsciente de que estoy bien.

Soy autoconsciente de que actúo bien con autoconsciencia.

Soy autoconsciente de que estoy sano.

Mi salud, debida al hecho de haber sido durante toda la vida pasada, presente y futura muy cuidadosa con sus propias acciones que se autoperciben de forma sensible con mi autoconcentración en mi integridad.

La bondad es la atención total.

Una acción es buena cuando lo es en todos los sentidos. El objetivo final de todas las acciones humanas es el bien. Debo pensar bien y positivo de forma consciente con el objetivo de lograr que mi vida forme parte de una continuidad con sentido. Saber unir sentimiento, razonamiento y afecto.

Cuando hay atención total no hay esfuerzo para ser o para no ser. Aquello que es reconocido como bueno, tiene que ser practicado y valorado.

Actuar bien y de forma autoconsciente es ser práctico y dejar ser práctico.

Cuando aprendo a hacer algo bien hecho, encontrar el *interés* por hacerlo siempre bien. Las malas circunstancias, situaciones y condiciones no deben impedir un trabajo bien hecho. Este *interés* no debe verse afectado por los que actúan mal.

Siempre que creamos nuestras propias buenas condiciones, nos encontramos bien con nosotros mismos.

Tendré suerte y solamente me dirigiré a lugares donde las condiciones de trabajo sean agradables, buenas y exista un clima de confianza.

—Un ser humano A hace un objeto X bien realizado.

—A disfruta de ver los resultados de X.

—Un ser humano B disfruta con el objeto X que ha realizado A.

—A y B disfrutan mutuamente de hacerse felices. De ayudarse para un objetivo superior.

—A se alegra de ver cómo B disfruta con el objeto x.

—B cuida el objeto que ha realizado A para poder seguir siendo feliz.

He nacido con toda la suerte del mundo, ahora sólo tengo que mantenerla.

Suerte sana / sana suerte / sana sensibilidad / sensibilidad sana.

Si actúo bien, entro en la suerte. *Cuantas* más actuaciones bien hechas realice, más suerte tendré.

Nazco con una suerte determinada. Y mantener esta suerte depende de que actúe continuadamente bien el máximo tiempo posible. El que actúa bien, actúa bien mucho más tiempo, que mal. Es lo que se llamaría *un gran buen ser humano.*

El ser humano que actúa bien, tiene más voluntad que el que actúa mal, por la sencilla razón de que actuar bien es más difícil y más útil.

Actuar bien es actuar sin autoalterarse, sin alterar al prójimo, y sin dejarse alterar.

Si actúo bien, no deseo nada malo a nadie; al contrario dejo actuar bien al prójimo, entonces, este no caerá en el error.

Yo no deseo nada malo al prójimo, y éste no me desea nada malo a mí → ÉXITO EN LA VIDA.

Lo mas importante son los acabados. Contemplar la belleza de los acabados para estar contento con mi trabajo → enfoque placentero y nuevo de mi propio trabajo. Cuidar bien los acabados de los productos que yo vendo para que el cliente esté contento conmigo y con el producto nuevo.

Después de actuar bien me sentiré muy bien, y si no es de esta manera sólo tendré que esperar un poco. *Efecto apaciguante. Seguir la marcha de los logros sin fatigarse.* Es decir, en una actuación muy larga, puedo beneficiarme de lo que he hecho primero en los procesos siguientes.

Si mejoras el presente, lo que vendrá después también será mejor.

Después de un acto bien hecho viene un pensamiento positivo.

Los trabajadores de los diferentes oficios de la sociedad ganan un dinero con el que comprar productos (objetos, máquinas, viviendas...). Todo trabajador con dinero tiene la posibilidad de gastar el dinero en lo que él quiera. Y *comprendemos*, no que todos somos esclavos de todos, sino que *todos colaboramos en el progreso y evolución de la sociedad con nuestro trabajo.* Todos trabajamos para todos y todos los oficios son necesarios y útiles, aumentando de esta manera la diversidad de trabajos u oficios y complicando la sociedad hacia un mayor bienestar cultural mundial.

Actuar bien es democrático.

Ser civilizado es democrático y divertido.

Practicar todo el escrito es ser consecuente y coherente con los propios actos. Espero que te haya llegado el mensaje y puedas, con tus actos, mejorarte a ti y al mundo.

Un tipo de pensamiento que se sigue después de actuar bien, es el de la autosalvación y el de la ayuda a los demás.

Mantener la tradición.

Tener una buena actitud (cultivar la rectitud y ser respetuoso).

Juzgamos que algo es bueno porque nos movemos hacia ello, lo queremos, apetecemos y deseamos.

Lo bueno es la belleza en acción.

Lo bello es lo que causa placer y agrado. Lo bello es casi una especie de bien y se funda en la perfección. La belleza es la unidad en la variedad. *Lo bello es uno de los principios espirituales superiores.*

Las buenas obras se valoran en la medida en que son humanas y justas.

Si todos actuamos bien, la calidad de vida es muy buena y cada vez es mejor.

Mi vida es siempre nueva.

Actuar bien es legal y humano.

Iluminación bondadosa del razonamiento.

Que la iluminación sea perceptiva sin ser invasiva significa que no interfiere en las cosas que emprende.

No participo de las malas intencionalidades que los demás puedan ejercer/desear sobre/para mí.

Cuanto mayor sea el número de seres humanos que actúan bien y se sumen los conjuntos de actos bien realizados, entonces viviremos en un mundo más pacífico, espiritual, donde todo es bueno y con una vida de calidad («la buena vida»). Cuantas más acciones buenas realice, ejecute... más posibilidades de acción me nacerán y podré ir evolucionando en la medida que crezca la complicación de mis nuevas acciones, que por ser nuevas no quiere decir que no sean buenas, sino que son mejores: más buenas, mejores y más nuevas.

Facilitarle la buena información útil (que sirve para tener éxito en la vida) al prójimo.

Si tienes la información que necesita otra persona, actuar bien sería facilitársela.

Actuar bien es crear bien.

Tener voluntad es tener voluntad para crear bienes materiales.

Hasta que llega un punto en el que las máquinas crean objetos, otras máquinas y viviendas.

Como por ejemplo unas máquinas creando otras máquinas u objetos.

Facilitarle las cosas buenas al prójimo.

Si deseamos actuar y vivir, desearemos la *virtud*.

«Procura guiar tu alma hacia la virtud», Félix Campoverde Vélez.

Los hechos están ligados los unos con los otros formando el mejor mundo posible.

Un efecto secundario natural de la confianza es el optimismo.

Todo lo bueno es posible.

Si actúas bien, se acaba la confusión.

Si alguien hace un bien (o muchos) necesita que se lo valoren para estar bien y mejor, y al mismo tiempo, el que disfruta con el bien hecho por el prójimo se sentirá bien y mejor. Una acción bien hecha por mí o por el prójimo siempre debe causar mi felicidad, nunca mi enfado.

Todos conocemos individuos que pueden transformar situaciones desesperadas en desafíos que superar, simplemente por la fuerza de su personalidad. Esta capacidad de perseverar a pesar de los obstáculos y retrocesos es la cualidad que la gente más admira en los demás y con justicia, porque es probablemente el rasgo más importante, no solo para tener éxito en la vida, sino también para disfrutarla.

No carecer del sentimiento que salta de las palabras a las cosas.

Soy el beneficiario de mis acciones.

Si somos capaces de reconocer que este texto está bien escrito, tanto o mejor, que los objetos que nos rodean, y que se necesita mucha más sensibilidad e inteligencia para escribir este ensayo, que para fabricar los objetos antes mencionados, reconoceremos que el autor está sano. Si no lo reconocemos, estamos cayendo en el fatal error de creer o pensar que todos estamos enfermos.

Para actuar bien y de forma autoconsciente se necesita mucha más voluntad que para actuar mal.

Saber elegir de qué causa se va a ser autor. Para, de este modo, no elegir ninguna causa el efecto de la cual sea algo negativo. Y entonces, como nos hemos puesto de acuerdo en crear bien, todos participamos de la positividad de la vida.

Si actúo bien, consigo ser feliz yo mismo y hacer feliz a los demás.

Actuar bien y con autoconsciencia es un deber.

Actuar bien es una razón para ser feliz.

«Solamente haciendo el bien se puede realmente ser feliz», Aristóteles.

A ninguna mente bien organizada le falta sentido del humor.

«Procuremos agradar e instruir, nunca asombrar», Santiago Ramón y Cajal.

Con la autonomía de la buena voluntad cumplo con el deber de ser ordenado en el trabajo y consigo un sueldo remunerado basado en mucho dinero. Con este dinero compro muchos bienes materiales. Yo hago bienes materiales para venderlos a cambio de dinero y con este dinero compro otros bienes materiales que yo elijo, bienes materiales que han realizado otros seres humanos. Yo siempre voy a tener de todo. Yo voy a tener de todo siempre.

Existe gente que consume y crea bienes materiales.

Existe gente que solamente consume bienes materiales pero no produce ningún bien material.

Los servicios y las personas que trabajan en ellos, no producen nada.

Debemos trabajar bien por la prosperidad económica.

Debemos dirigirnos y movernos hacia donde nos lleva el capitalismo.

Como vivimos en un mismo mundo, cuando le deseamos el bien al prójimo estamos deseando el bien para nosotros mismos y para el mundo entero. Espero que el mundo y los/las seres humanos/as que viven en él sean agradecidos y me deseen el bien a mí, es decir, que si yo dejo al prójimo que participe de mi bien, *el prójimo debe facilitarme su bien* para que yo participe de él, ya sea de forma gratuita o por medio de dinero. Voy a comprar muchos *bienes materiales, posesiones y riquezas que me permitirán vivir con mucho confort.*

Tiene que haber un equilibrio entre lo exigente que soy conmigo mismo, lo exigente que soy con los demás y lo exigente que son los demás conmigo.

Se ha dicho con razón que el bien es aquello a lo que todas las cosas tienden.

Vivir no es solo pasarlo bien, sino hacer sentir bien a los otros con mis actos.

«Ya dejemos de amar al Padre Celestial con tantas palabras, más bien amémosle con nuestras acciones», Jonathan Colina.

Existe un magnetismo, o más bien una electricidad del amor, que se comunica por el solo contacto de las yemas de los dedos.

«Los que obran bien son los únicos que pueden aspirar en la vida a la felicidad», Aristóteles.

«Quien se controla a sí mismo y por el bien, no tendrá dificultad alguna para gobernar con eficacia. Al que no sabe gobernarse a sí mismo, le resultará imposible ordenar la conducta de los demás hombres», Confucio.

«Un libro se mide por el bien que produce», Doménico Cieri Estrada.

El mayor bien que puede existir en un estado, es el de tener verdaderos filósofos.

Lo que es digno de hacerse, es digno de que se haga bien.

«Lo moral es lo que hace a uno sentirse bien», Ernest Hemingway.

Aceptar el «sentirse bien».

Actuar bien funciona a corto y largo plazo.

Actuar bien nos deja dormir bien.

Si yo actúo bien, duermo bien.

Si yo actúo bien, dejo dormir bien al prójimo.

Si el prójimo actúa bien, me deja dormir bien a mí.

Dormir cada vez mejor.

Si vivir solo es soñar, hagamos el bien soñando.

Vivir es dormir, y el amor es el sueño; si habéis amado, habéis vivido.

Haz de tu vida un sueño y de tu sueño una realidad.

Espero que este escrito te dé ánimos y te haga tu vida más llevadera.

Si no paras de actuar bien, es decir, si le sigues el sentido al actuar bien y tienes la necesaria buena voluntad para hacer bien, correctos, perfectos y excelentes el mayor número posible de tus actos durante la vigilia (durante la vigilia nos pueden nacer emociones que nos motiven, entusiasmen y nos den *la buena voluntad legal, pacificadora y con una finalidad justa para todos* para cambiar el mundo a mejor. Lo cual nos permite hacer nuestra vida más feliz al sentirnos útiles para hacernos felices a nosotros mismos y a la gente que busca la felicidad en *el cambio vital que cada cual es capaz y puede aportar*), acabas triunfando.

«Si todos/as *actuamos bien y de forma consciente* y todos/as *confiamos* en todos/as, nadie le determina la *ilusión* a nadie.»

No escapar del actuar bien.

Yo actúo bien y con autoconsciencia, voy por la vida y la realidad... viendo que *existen muchos seres humanos que hacen las cosas bien*, aunque no todos.

Todos/as hacemos de todo un poco. Poseemos objetos, máquinas y viviendas que algunas veces sabemos quiénes los/as han hecho y a veces no sabemos quiénes los/as han hecho. Lo normal es no saber quiénes las han hecho. Todo es inventado por alguien. El mismo inventor puede perfeccionar lo que hizo primero para estar más contento con sus progresos, evolucionar el producto. Y, finalmente, evolucionar él mismo haciendo un uso completo de este y aprovechar todas sus aplicaciones y prestaciones (por ejemplo, un sintetizador).

La motivación es la parte más poderosa y duradera de la acción.

«Cuando el deseo es más fuerte que la voluntad, solo nos queda esperar que el amor sea más fuerte que el instinto.»

El deseo bondadoso que se caracteriza por desearme algo bueno para mí, desearle algo bueno al prójimo y el deseo de alguien que me desea algo bueno a mí, y desearse algo bueno para él o ella mismo/a, es *humanizador de la autoconsciencia* (y es justo) de cada uno y una de los y las hombres y mujeres que se desean cosas buenas.

Trabajar realizando productos de buena calidad (o alta calidad) porque es lo que más admira el consumidor, y por tanto, tienes más posibilidades de comprar y vender.

Actuando, sintiendo, pensando bien y con autoconsciencia estoy a gusto con mi propio actuar, sentir, pensar.

El contacto con algo bien trabajado y acabado con precisión me sana (quedan excluidos todos los tipos de tratamientos médicos y farmacológicos). Porque ya tengo suficiente con entretenerme en *colaborar sin dañarme* en el trabajo de la sociedad. Actuad.

Y nuestra vida continúa...

Buena voluntad diestra, ágil y rápida durante el horario dedicado al trabajo que se realiza durante la vigilia.

Pensar bien es tener pensamientos *coincidentes con la realidad* → autenticidad, sinceridad, honestidad y verdad. Verdad que permite la confianza ya que la confianza solamente se da cuando la telepatía entre dos seres humanos/as contiene pensamientos ciertos, auténticos, *verdaderos*. La confianza entre seres educados y civilizados que dialogan (ya sea por medio de expresión dialógica, ya sea por medio de un teléfono móvil (smartphone), ya sea por medio de un correo electrónico (Hotmail y Gmail) de un ordenador (con correo portátil) conectado a Internet o ya sea mediante una tablet.

Pensar bien con autosanadora autoconsciencia de forma precisa mientras cuidamos la dinámica de los movimientos naturales vivos, que cuidan la dinámica de los movimientos naturales vivos porque y precisamente porque estoy rodeado de vida natural vegetal (ya sea una «pared» de cipreses en el exterior de mi casa o vivienda, ya sea un bosque de plantas, arbustos y árboles de muchas especies diferentes, todas muy respetables y valiosas) → que favorece la existencia de la diversidad de especies de vegetales y animales en todo el planeta Tierra-Agua.

«Solo las personas tiernas son realmente fuertes», Nou Estudi.

Definiciones

Bien: distinguido o de posición social acomodada. Lo que es útil o conveniente o lo que proporciona bienestar o dicha. En filosofía, aquello que se considera la perfección absoluta o que reúne en sí mismo todo lo moralmente bueno y perfecto. *Conjunto de posesiones y riquezas. Referido al estado de una persona, con salud o con aspecto saludable. Referido a la forma de hacer algo, sin dificultad o de manera correcta, acerada o conveniente. Referido a la forma de terminar algo, conforme a lo previsto o deseado.* Referido a la forma de abordar algo, con gusto o de buena gana. Expresión que se usa para indicar asentimiento, conformidad o entendimiento.

Bueno: beneficioso, conveniente, útil. Persona que tiene cualidades morales que se consideran positivas. Con buena salud. Sano.

Consciencia: la consciencia muestra la intimidad máxima de un ser humano, ya que nadie puede acceder a lo más hondo de la consciencia de otra persona. Los pensamientos de una persona son únicos e intransferibles. La persona decide a quién desea comunicar parte de sus pensamientos, sin embargo, siempre existe un ámbito de intimidad máxima que cada persona guarda para sí mismo.

Cordial: afectuoso o amable. Estimulador, vigorizador.

Correcto: libre de errores y defectos. Conforme a las reglas: *Tiene un comportamiento correcto y atento.* Conducta correcta y amable.

Escrúpulo: duda o recelo que se tiene sobre si una acción es buena, moral o justa.

Escrupulosidad: exactitud en el examen y en la averiguación de algo, y *perfecta ejecución* de lo que se emprende o desempeña.

Justo: como debe ser según la justicia, el derecho o la razón. *Es justo que te reconozcan tus méritos.* Exacto en medida o en número. Los justos verán a Dios.

Meticuloso: referido a una persona, que actúa o que trabaja con cuidado, exactitud y con detalle.

Profilaxis: vigilancia previa, prevención. Definición en griego: *pro*, «antes»; *fil*, «guardián»; *axis*, «acción». Confucio escribió: «Antes de hablar sobre algo se debe practicar».

Final

Que el mundo no se tiranice a sí mismo. La ternura es lo único que puede salvar al mundo de su destrucción.

Esta ética filosófica es la de la sensatez.

Esta ética es una entelequia (las cosas de palacio van despacio).

Actuar bien y de forma consciente es ser un/a ser humano/a y una persona normal.

Lo ideal y real es que los seres humanos de la sociedad que vive y se socializa en el mismo sistema que yo se pongan en consenso conmigo y pueda realizar todos mis proyectos, los cuales son justos para todos.

Como escribía Solodiev: «Anticipar la locura».

Bibliografía

Bach, Edward (2004): *La curación por las flores*. Madrid: Edaf.

Blackburn, Simon (2002): *Sobre la bondad*. Barcelona: Paidós.

Boeci (1989): *La consolació de la filosofía*. Barcelona: Laia.

Buddha (1997): *Dhammapada*. Barcelona: Sirio.

Coelho, Paulo (2004): *El alquimista*. Barcelona: Planeta.

Comte-Sponville, André (1996): *Petit tractat de les grans virtuts*. Barcelona: Viena.

—— (2001): *La felicidad desesperadamente*. Barcelona: Paidós Contextos.

Cyrulnik, Boris (2007): *De cuerpo y alma*. Barcelona: Gedisa.

Fernández Berrocal, Pablo y Ramos Díaz, Natalia (2002): *Corazones inteligentes*. Barcelona: Kairós.

Foot, Philippa (2002): *Bondad natural*. Barcelona: Paidós.

Fromm, Erich (2002): *L'art d'estimar*. Barcelona: El Cangur.

—— (2004): *El miedo a la libertad*. Barcelona: Paidós.

—— (2007): *El humanismo como utopía real*. Barcelona: Paidós.

Hay, Louise L. (1987): *Usted puede sanar su vida*. Barcelona: Urano.

Jahanbegloo, Ramin (2007): *Elogio de la diversidad*. Barcelona: Arcadia.

Krishnamurti, J. (2003): *El libro de la vida*. Madrid: EDAF.

Küppers, Victor (2012): *El efecto Actitud*. Barcelona: Viena.

Martí ibáñez, Félix (2013): *El sentido de la vida*. Barcelona: Potlatch Ediciones.

Morgan, Marlo (2006): *Las voces del desierto*. Barcelona: Ediciones B. Zeta Bolsillo.

— (2010): *Mensaje desde la eternidad*. Barcelona: Ediciones B.

McDermott, Ian (2011): *Aumenta tu confianza con pnl*. Barcelona: Urano.

Planes, Jordi (2012): *Actúa. El libro que cambiará tu vida*. Barcelona: Aura.

Ramos Autó, Daniel (2010): *Pequeño libro de pensamiento positivo*. Barcelona: Versos y reversos.

Riso, Walter (2010): *Pensar bien, sentirse bien*. Barcelona: Planeta.

Rojas, Enrique (2005): *La conquista de la voluntad*. Madrid: Temas de hoy.

Rojas Marcos, Luis (2006): *La fuerza del optimismo*. Madrid: Santillana.

Schopenhauer, Arthur (2004): *El mundo como voluntad y representación*. Madrid: Trotta.

Schrödinger, Edgar (1997): *La naturaleza y los griegos*. Barcelona: Tusquets.

Sennett, Richard (2003): *El respeto. Sobre la dignidad del hombre en un mundo de desigualdad*. Barcelona: Anagrama.

Tse, Lao (2000): *Tao Te King*. Barcelona: Proa.

— (2008): *Wen Tzu*. Madrid: Edaf.

Tolle, Eckhart (2001): *El poder del ahora*. Madrid: Gaia.

Torralba, Francesc (2006): *L'art de saber escoltar*. Lérida: Pagès.

Weinberg, Julius (1987): *Breve historia de la filosofía medieval*. Madrid: Cátedra.

www.ingramcontent.com/pod-product-compliance
Lightning Source LLC
Chambersburg PA
CBHW071213130726
47998CB00002B/737